Metatron

メタトロンの霊言「危機の時代の光」

Ryuho Okawa
大川隆法

まえがき

先日、ドイツで大雨が降り大洪水となった。ライン河が氾濫《はんらん》し、二百人ぐらい犠牲になったという。中国の官製《かんせい》メディアは、これを見て、「ドイツなんて発展途上国並みだ。」とあざ笑った。その直後、中国にも大雨が降り、三百万人以上が被災し、黄河流域では、人も車も、家も流された。今度は中国政府は「千年に一度の天災で、自然災害である。」と発表した。これには常時《じょうじ》口を閉ざしている中国人のネットにも、「対岸の火事をあざ笑って、自国の非を認めない国情はいかがなものか。」とたくさんの意見が出たようだ。台湾総統は、この河南省の不幸にも、弔意《ちょうい》を表明した。

昔から、中国南部で大地震が起きたら、北京《ペキン》の人たちは手をたたいて喜ぶ、と言われていた。「他人《ひと》の不幸は蜜《みつ》の味」である。中国や北朝鮮の国家主導型政治がまともでないことに、日本政府や企業も、はっきりとした認識を持つべきだ。
本書は宇宙の救世主からの、客観的地球評《ちきゅうひょう》である。謙虚に内容を受け止めたいと思う。

二〇二一年　七月二十三日

幸福《こうふく》の科学《かがく》グループ創始者兼総裁《そうししゃけんそうさい》　大川隆法《おおかわりゅうほう》

メタトロンの霊言「危機の時代の光」　目次

メタトロンの霊言《れいげん》「危機の時代の光」

二〇二一年六月十八日　収録
幸福の科学　特別説法堂《せっぽうどう》にて

7 「創世記の神々」からのメッセージ

「霊言現象《れいげん》」とは、あの世の霊存在等の言葉を語り下ろす現象のことをいう。これは高度な悟《さと》りを開いた者に特有のものであり、「霊媒現象《れいばい》」（トランス状態になって意識を失い、霊が一方的にしゃべる現象）とは異なる。外国人霊や宇宙人等の霊言の場合には、霊言現象を行う者の言語中枢《ちゅうすう》から、必要な言葉を選び出し、日本語で語ることも可能である。

なお、「霊言」は、あくまでも霊人《れいじん》の意見であり、幸福の科学グループとしての見解と矛盾《むじゅん》する内容を含《ふく》む場合がある点、付記しておきたい。

メタトロンの霊言《れいげん》「危機の時代の光」

二〇二一年六月十八日　収録
幸福の科学 特別説法堂《せっぽうどう》にて

メタトロン

いて座・インクルード星の宇宙人。イエス・キリストの宇宙の魂《たましい》（アモール）の一部。主を護《まも》る最上級の天使（熾天使《してんし》）の一人であり、「光の神」の一人でもある。過去、地球で大きな戦いが起きたときには、地上を平和にするための宇宙的パワーの象徴《しょうちょう》的存在として助力してきた。六千五百年ほど前にメソポタミア地方に生まれたことがある。現在は、大川隆法として下生《げしょう》しているエル・カンターレを支援《しえん》している。

［質問者三名は、それぞれA・B・Cと表記］

1　メタトロンに地球を覆《おお》う諸問題について訊《き》く

大川隆法　こんにちは。

先日、実は企画《きかく》していて、メタトロンさんの霊言《れいげん》を考えていたのですが、ちょっと、この世的な問題がありまして、できなかったのです。しばらく遠ざかっていた感じがするのですけれども、そろそろ、もう一回〝リベンジマッチ〟をしなければいけないかなと思っております。

というのも、話が大きくなるだろうから、この世的に細々《こまごま》したことでかかずらわっているときには話しにくい感じがあるので、少し（この世から）遊離《ゆうり》してこないとやりにくいということです。

メタトロンといっても、分かりにくいとは思いますが、幸福の科学ではもうプロフィールができているぐらいで、ちょっと、まあ、笑える人には笑えて、真面《まじ》目《め》な人は「そんなことはない」と言って、まともに聴《き》いてくださるのですけれども、現実に存在しています。

もっと分かりやすく言えば、イエス・キリストと関係のある方ですけれども、〝宇宙のほうに足場のある方〟というふうに考えてよいかと思います。救世主級、救世主クラスの方というのは、単に地球で転生《てんしょう》しているだけではなくて、たいてい宇宙魂《こん》的なものを持っていて、ほかの星でも、分身《ぶんしん》のようなものが何か仕事をしていたり修行《しゅぎょう》していたりするようなことが多いようです。そういうことがあるようなので、地球も彼らから見ると、もう本当に金魚鉢《ばち》のなかの金魚を見ているように宇宙から見ている状態のようであります。

何百人もの宇宙人と思われる方々と交信はしたのですけれども、どうも中心はヤイドロン、メタトロン、R・A・ゴールのようです。この三人がどうも中心らしいということはだいたい分かってきたし、あまりいろいろな人と話してもちょっと脈《みゃく》絡《らく》がはっきりしなくなってくるので、だいたいこの三人あたりの言っていることを聴いていれば、「宇宙から見たらどんなふうに見えているのか」ということは、ほぼほぼ分かる感じかなと思っています。

　今日のメタトロンさんはイエスと関係のある魂《たましい》ですけれども、R・A・ゴールは、どうも釈尊《しゃくそん》と関係のある宇宙の方のようですし、ヤイドロンさんははっきり言わないけれども、たぶんモーセあたりとかとも関係のある方なのかなと推測はしています。

　そして、メタトロンはどんなときに出てくるかということですが、例えば、質

『UFOリーディング
救世主を護る宇宙存在
ヤイドロンとの対話』
（幸福の科学出版刊）

『R・A・ゴール 地球の未来を拓く言葉』
（幸福の科学出版刊）

問者のBさんが名古屋《なごや》正心館《しょうしんかん》の館長をされていたときに私が行って、「『毛沢東《もうたくとう》の霊言』講義」をした（二〇一九年二月十一日。『愛は憎《にく》しみを超《こ》えて』（幸福の科学出版刊）所収）と思うのですけれども、あのときがそうです。

『毛沢東の霊言』（幸福の科学出版刊）

最初のころ、私が『太陽の法』と『黄金の法』（共に幸福の科学出版刊）を書いたころは、日中国交回復があって、アメリカも中国と国交回復をしたあとぐらいで、関係もよくて経済的協力をして発展を支えているような日本の状態だったので、「毛沢東はそんなに悪い人ではないだろう」と思って、「まあ、五次元善人界ぐらいにいるのかな」と思っていたのですけれども、どうも、そんなあたりではないらしいということが、最近の流れのなかではっきりとしてまいりました。

そういうことで、『毛沢東の霊言』の講義をやろうとしても、（前日に）ホテルに泊《と》まっていましたが、（毛沢東の霊が）ホテルあたりでもう邪魔《じゃま》をしに来始めたのです。そういうときに、メタトロンさんとかがすごいパワーで結界《けっかい》を張って護《まも》ってくださったりしています。

また、海外で講演をするときにも、例えばドイツ巡錫《じゅんしゃく》あるいは台湾《たいわん》巡錫のときなども、イエスだけではちょっと足りないのではないかということで、メタトロンさんも〝ダブル〟で支援《しえん》してくださったりもしていました。

世界に影響《えいきょう》を与《あた》えるような話をするときには、普通《ふつう》ではないような、ちょっと邪魔が入ってくることもあるので、けっこう全方位を警戒《けいかい》しなければいけないことがあるということです。

（メタトロンは）〝地球的なこと〟もいろいろと発信はしているので、まあ、やや地上の人間の認識とずれているものもあることもあるけれども、近未来的な発想もなされるので、分かることもあります。（彼の言葉は）U

『メタトロンの霊言』
（幸福の科学出版刊）

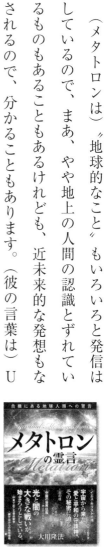

ＦＯリーディング等でもいろいろと出してはいます。

まあ、いろいろな意見があるから一概《いちがい》には言えないのですが、（表立って）「幸福の科学の本を読んでいる」とか「聴いている」とかいうことを言うわけではないけれども、世界各国の政府も、あるいは日本の政府やマスコミも、じわじわと当会が発信しているものの影響を受けて、「そちらのほうが常識」のほうにだんだんに移動してきているのではないかと思っております。

あまり〝過ぎゆくこと〟を訊《き》くのはちょっと忍《しの》びないとは思っているのですが、できるだけ普段できないような「マクロ的なこと」とか、「人間的にはちょっと判断がつきかねるようなこと」とか、そういうようなことについて、ちょっと違《ちが》った観点、利害のない観点から意見を伺《うかが》えればありが

『中国発・新型コロナウィルス感染 霊査』
（幸福の科学出版刊）
第二部 第１章参照。

『ＵＦＯリーディング
地球の近未来を語る』
（幸福の科学出版刊）

たいかなと思っております。

では、よろしいですか。はい。

では、いて座インクルード星から来ておられて、イエス・キリストとも魂の関係があるメタトロンさんのお言葉を頂きたいと思います。

メタトロンさんよ、どうか、今の日本や地球全体を覆《おお》っている諸問題についてお考えのところを明らかにしていただければ幸いです。よろしくお願いします。

（約十秒間の沈黙《ちんもく》）

2 コロナ・パンデミックの真相と中国の戦略

G7《ジーセブン》が中国を非難し始めた裏にあるもの

メタトロン　はい。

質問者A　はい。いつも私どもをご指導、ご加護賜《たまわ》り、まことにありがとうございます。本日は霊示《れいじ》の機会を賜り、全世界にわたるさまざまな問題についてお訊《き》きできればと考えております。

メタトロン　はい。

質問者A　昨年からコロナウィルスが全世界に拡大して、今も続いているという情勢です。そうしたことも含《ふく》めまして、今、最もご関心のあるところから何かご教示賜れればと思います。

メタトロン　ニュースはずっともう一年半ぐらい、この問題ばかりやっているようですね。久々《ひさびさ》の大きな事件だったのかもしれませんし、全世界に影響《えいきょう》を与《あた》えたという意味では、ある意味では、確かに百年に一度ぐらいのことなのかもしれませんね。「地域的なことだけではなくて、全世界に影響は及《およ》ぼして、その原因がはっきりと追及《ついきゅう》できないでいる」ということと、「その手探《てさぐ》りのなかで、いろいろなことを考えついては、やっている」という、まあ、そんな状態ですよね。

私どもは、まあ、私や、それ以外の方も含めてですけれども、一貫《いっかん》して、「原因はもう中国の武漢《ぶかん》ウィルス研究所から流出したものだ」ということを最初から言っているけれども、アメリカの大統領選の過程で、トランプ大統領を落とす勢力、左翼《さよく》勢力のほうが、トランプさんが中国を敵視しているというのを潰《つぶ》すために、それを否定する情報を流して。「自然発生説」とか、「どこから来たか分からない」とか。

まあ、中国自身も最初は謝《あやま》っていたのに、「いや、外国からの冷凍《れいとう》食品のなかに入っていたかもしれない」とか言い出したりして、訳《わけ》が分からないようにやっているままに、ワクチンをつくったり、騒《さわ》ぎをして、「ロックダウン」とか「緊《きん》急《きゅう》事態」だとか、いろいろなことをやって、大騒ぎをしていて。

バイデンさんが大統領になられて半年ぐらいになってきたのかと思いますが、やっと、ちょっと、「トランプさん批判でなくてやっても、いいようになってきた」ということで、だんだん、関心がやはり武漢のウィルス研究所のほうに向かいつつあるようです。（中国発のウィルスだと）本当は知っていたはずなんですけれども。選挙戦のために（自然発生説を）言っていたところもあるんですが。

まあ、これは、〝答え〟は持っていても、「最終的に中国とどう対処するか」ということを決めないかぎり言えないことではあるので、政治家たちの仕事としてはシミュレーションまでしなければいけないから、「科学的にこうだ」ということだけを言うわけにはいかないだろうと思います。

でも、最近のG7《ジーセブン》等での会合で中国に対するかなり厳しい意見が出されていて、「習近平《しゅうきんぺい》氏の一帯一路《いったいいちろ》なんかで、アジアからヨーロッパまで中国が入って、海のシルクロードもつくって、やる」というのをプラスに捉《とら》えていた国々も、あるいは中国との貿易高が最高である国々も、中国の人権弾圧《だんあつ》状態その他についても非難し始めました、一致《いっち》してね。

で、その裏にあるのは……。実はその裏にはこのウィルス問題まであって、

「そこに辿《たど》り着く前の段階として、『中国に対する態度』というものをはっきりしないといけない」というので、そのあたりをまず最初にやっているところかと思います。

日本国政府だけが中国非難をはっきりと国会が終了《しゅうりょう》するまで言わなかったので、これに対して、「情けない」という声も出ているように聞いてはおります。他の国についてははっきりと、「民主主義的価値観」とか、「基本的人権」とか、「法治国家」とか、「三権分立」とか、こういう基本的な近代国家の価値観を護《まも》るというところで欧米《おうべい》系は一致しているんですけど、日本はその西側に入っているはずなのに、なぜか〝ファジーな感じ〟になったかたちで今やっているということですね。

おそらく、経済的な問題が大きくて、中国国内に投資して工場を持っていたり従業員がいたり、取引額も大きいですから、そちらの経済界からの圧力もあるので、「あまり政治判断だけですると、危険だ」と思っているということでしょうね。まあ、中国に関しては、そういう経済問題と軍事問題が絡《から》んでくるから、「備えができていないのに刺激《しげき》するのは危険」ということで、逃《に》げているんだと思います。

国内に関しては、おそらく軍事問題は起きないので、ミャンマーみたいにはならないから。夜の八時とか七時以降の営業を禁止してもアルコールを禁止しても、日本人の場合は、暴力でもって警察署を襲《おそ》ったり国会議事堂や首相官邸《かんてい》を襲ったりはしませんから。まあ、そのへんは「国内は与《くみ》しやすし」と見て、「海外はちょっとリスクがある」というふうに判断しているのではないかと思います。

原因は、先ほど言いましたように、もう最初から私たちが言っているとおり、はっきりしておりまして、本当は中国だけウィルス被害《ひがい》をほとんど出さないつもりで、他の外国には流すつもりでいたのが、なぜか研究所から流出してしまったんですよね。で、感染《かんせん》した方々が何人か出たので、それでそれが周りに広がってしまって、「武漢市に何万人か患者《かんじゃ》が出た」ということで、ちょっと、最初のところで〝尻尾《しっぽ》が出て〟しまった状態になった。

これはいずれ明らかになると思いますが、それを明確に規定する場合には、いちおう「国際紛争《ふんそう》の準備」までしなければたぶん言えないから、そのへんについては、若干《じゃっかん》、政治家の言葉等は解釈《かいしゃく》しながらいかないといけないと思います。

「ワクチンを打てば沈静《ちんせい》化する」という考えが招く危機とは

メタトロン　それと、「どう続くか」という問題についてですけれども。まあ、G7での話し合いは、「今年はワクチンを一生懸命《いっしょうけんめい》打って、発展途上《とじょう》国にも供給して、ものすごい数を供給して、来年ぐらいにはもうこれを沈静《ちんせい》化する」という、そういう考えのようではあるようですけれども、あまり結論めいたことを言うのはどうかとは思いますが、「非常に楽観的だな」というのが私たちの見方です。

質問者B　その「楽観的」というところですが、日本国内も含めて世界中が、危機感を持っているような持っていないような、非常に〝ファジーな状況《じょうきょう》〟で時が流れているのは、たぶん認識のギャップが原因ではないかと思うのです。そこで、年末なりの先行き、例えばコロナに関しての見立てはどんな感じになるのかというあたりでは、いかがでございましょうか。

メタトロン　今、日本の菅《すが》首相等は、ワクチンを、まあ、回数まで（決めて）、「一日百万回打って、そのくらいすれば全国民が打てて、あと沈静化するんだ」というようなことと、「オリンピックを開催《かいさい》することができる」ということとを、希望的な観測で合体して、やってはおりますけれども、まだこれは考えが甘《あま》うございまして。

世界各国でワクチンを開発していますけれども、本当はこれを長く研究していたのは中国だけなのです。ウィルス兵器をつくっていく際に、ワクチンも同時に研究するのは普通《ふつう》ですので、もう彼らは十五年以上は研究してきているので。去年あたりから研究し始めたほかの国とはだいぶ、もうこのへんの長さが違《ちが》いますので。

各国がつくったワクチンを打って、それでいけると思ってマスクを外したりしていますけれども、実はそれで終わらないことになっていて、最終的には、本当は中国製のワクチンでないと効かないようにするのが目的なんです。実はそうなんです。

だから、そうするとどうなるかというと、「ワクチン外交」一つで世界をまたもう一回ひざまずかせることができる。

だから、「貿易額の大きさ」でもひざまずかせることができた。資金でほかの国、債務《さいむ》がいっぱいある国に資金を投下して支配することもできる。軍事的に脅《おど》すこともできるというのもありますけれども、このウィルスが世界中に流行《はや》って、中国が開発したワクチン以外では止められないというようなことになったら、もうみんな〝中国にひれ伏《ふ》す〟しかないこともありますね。この選択肢《せんたくし》まで、実はもう考えてあるということです。

質問者B　そうしますと、いわゆる先進国、西側のほうでつくったワクチンに対応した、あるいはそれをすり抜《ぬ》けるものがすでに用意されていて、それで順次攻《こう》撃《げき》を仕掛《しか》けてくるということでしょうか。

メタトロン　うん。ですから、もう百何十種類もの変異種があると言っていますけど、いっぱいもう持っているんですよ、本当は。で、流行《はや》らせるのは、人一人で実は流行らせることはできるので。なかに入って、それを何人かに感染させれば広がるんですよね。

質問者B　「ザ・リバティ」（二〇二一年八月号）でも取り上げていますけれども、アメリカと台湾《たいわん》に潜《もぐ》り込《こ》んで（無症状《むしょうじょう》ウィルスを）撒《ま》くシミュレーションをやった研究論文が数年前にありましたので、おっしゃるとおり、実際それはもう考えた上で準備されているのだろうと思います。

メタトロン　そうです。で、国内に入《はい》れない場合は、国際線のパイロットとかCAとか、こういう方たちが外国に行って、降りるでしょう？　で、オフの時間があるで

月刊「ザ・リバティ」（2021年8月号、幸福の科学出版刊）

しょう？　そういうときに、感染させることをやっているんです。だから、そういう人が母国に帰ったときに、それが流行る。これが台湾で起きた事態ですね、最近ね。あれだけ完璧《かんぺき》にブロックしていたのに、国際線のパイロットやＣＡから実は変異種が入ってきたんですね。

質問者Ｂ　あれは、やはり仕掛けたものでしょうか？

メタトロン　仕掛けた。

できるんです。個人攻撃というか、暗殺ができる国なので、そのくらいのことは当然できる。

質問者Ｂ　あれはＣＡとパイロットに仕掛けて？

メタトロン　そうです。そうしたら、うまくいけば、飛行機のなかの乗客にも、うつることもありますけれども、止められないからね。海外に行くのを彼らは止めることはできませんから。ここは〝穴〟ですよね、ここのところは。

3　中国の〝本質〟を見抜《みぬ》け

突如《とつじょ》、ベトナムにコロナが流行《はや》り始めた理由とは

質問者B　ちょっと〝禁断の質問〟かもしれませんが、最近、やや異常な動きとして、突如《とつじょ》、四月以降、ベトナムからバッと流行《はや》り始めたりとか……。

メタトロン　はい、そうです。

質問者B　インドの流行り方も、ちょっと異常な流行り方をしたのですけれども。

メタトロン　そうそう、異常です、異常です。

質問者B　まだちょっと、台湾《たいわん》以外のところはややエビデンス（証拠《しょうこ》）をつかめていないのですが、動きとしては、ちょっと人工的な動きに見えます。

メタトロン　そうです。

質問者B　やはり、それはそういう……。

メタトロン　そのとおりですね。
中国から見ると、ベトナムは「裏切り者」ですから。
（ベトナムは）共産主義の国で、〝中国の僕《しもべ》〟になるべくアメリカと戦って、べトナム戦争のときには、中国軍が大々的にベトナムに入って戦ったし、補給もつけた「裏の実績」がありますから。アメリカを撤退《てったい》させるために「ベトナム戦争」をすごくやって、アメリカの厭戦《えんせん》ムードをすごく盛り上げましたよね。

そこまでやって、ベトナム側は、おそらくは二百万から、あるいはそれを超《こ》える被害《ひがい》を出していると思うんですけれども、そのなかには、ベトナム人に紛《まぎ》れて中国の人民解放軍の兵士もそうとう死傷していますので、かなりの〝多大の犠《ぎ》牲《せい》〟を払《はら》って、南ベトナム、米国の支配下にあったところを追い落として撤退させた。

これは中国の大きな勝利。外に語れないけれども〝内緒《ないしょ》の勝利〟ですよね。（朝鮮《ちょうせん》戦争で）韓国《かんこく》は取れなかったけれども、ベトナムは取れた。

そのベトナムが、共産主義をやっていたのに市場経済を入れて、中国型ならまだ許されるけれども、だんだん「アメリカ寄り」になってきて。

それで、金正恩《キムジョンウン》なんかも、「ベトナムみたいにしないか」というようなことをアメリカの（トランプ）大統領に言われてね。共産主義をやっていたらもう先がないということで、「やはりアメリカ型の市場経済と自由主義のほうに持っていかないか」というようなことを言って。まあ、ちょっと影響《えいきょう》を受けていますよね、北朝鮮も変化しようとし始めているから。

だから、ベトナムは〝裏切り者〟で、今、一生懸命《いっしょうけんめい》、日本とのパイプも太くして、日本に助けてもらおうともしている。

ワクチンも、日本からベトナムとかね、まあ、台湾にも行っていますけれども、幾《いく》つか撒《ま》こうとしているけれども、彼ら（中国）が考えるのは、日本がアメリカ製やイギリス製のワクチンを入れて、それを外国に配っても、それが効かない状《じょう》況《きょう》をつくることが、彼らにとっては有利な状況ですよね。

質問者B　はい。

ワクチン対策は〝イタチごっこ〟になる？

質問者B　今おっしゃったお話ですごくリアリティーがあったのが、一つは、アメリカの製薬会社がワクチンをつくっていますが、そのワクチンをつくっている人たちと、まあ、これも程度はいろいろありますけれども、人民解放軍のほうはつながっているところがあるので、どうも「どういうワクチンをつくっているのか」という情報を、中国軍のほうは事前に持っているらしいのです。

そうなると、当然、「そのワクチンを超えるウィルスが出てくる」というのは、確かに容易に想定されるところです。

これは、おそらく世界中が知らない問題点の一つです。

あともう一つは、基盤《きばん》になるコロナウィルスをだいたい千種類以上、事前に集めていたらしくて、どうも、そのなかから適当に〝切り貼《は》り〟をしながら、次から次から放り込《こ》んでくることを考えている節《ふし》があるので……。

メタトロン　うん、うん、うん。そうです。

質問者B　そうなると、未来永劫《えいごう》、どんなにワクチンをつくろうが、それを超えるものが、もしかしたら今の段階でもうリストアップされているような雰囲気《ふんいき》がなきにしもあらずという感じがするのですが、そのあたりは……。

メタトロン　ですから、ワクチンの開発に、最短でも今一年ぐらいはかかっているけれども、それでも「治験《ちけん》」ができていないので。要するに、効果があるかどうかの追跡《ついせき》調査をしないと、本当は、そのワクチンが効いているかどうかは分からないから、どうしても、まあ、最低でも一年はタイムラグが出てくるんですよね。

その間に違《ちが》う種類のものが出てきたら、どうしたって間に合わないですね。お手上げ状態になる。

だから、イギリスとかイスラエルとかがワクチンを打ってマスクを取り始めたら、「じゃあ、違う種類のを投入するか」ということになったら、またしてもマスクをしなきゃいけない。

質問者B　そうですね。イギリスはまた、急遽《きゅうきょ》マスクをし始めて、という……。

メタトロン　そうなりますよね。だから、（イギリスの）空母とかが香港沖《ホンコンおき》に来たら、またイギリスにウィルスが流行ることでしょう。

質問者B　ああ。

メタトロン　やります。

だって、どの国も、人からうつってくるものを防げないですよ。火炎《かえん》放射器で焼くわけにもいかないしね。

質問者B　そうしますと、基本的には、「ワクチン対策というのは効かないのだ」という前提で考えないと……。

メタトロン　いやあ、まあ、〝イタチごっこ〟ですからね。

いや、効く場合もありますよ。だから、中国が言うことを完全に呑《の》めば、効くんです。その段階で止めてくれるからね。「じゃあ、おたくとは友好状態になったから、もうそういうことはしない」と。

まあ、これはよくある、何て言うかね、悪役レスラーが、レフェリーが見ていないところで、目に見えない死角のところで悪いことをするのがあるような感じで、「実は悪いことをやっているんだけれども、やっていることも感じさせながら、その証拠は見せないようにやる」という、そんなことを一生懸命、研究するような頭もあるんですよね、世の中には。

これは、オープンな透明《とうめい》な社会ではちょっとありえないことなんですけれども、そういうことが〝平気でできる国〟というのは、やはりあることはあるんだということです。まあ、二千年ぐらい前だって、いっぱいあったようなことですけれどもね。そういうことがあるということですね。

〝巨大《きょだい》なオウム教〟のような国家が出現している

質問者C　そうすると、中国のワクチン研究が、十五年先行していまして、できたワクチンを持って、「ワクチン外交」のようなかたちで、「治りたかったら言うことをきけ」ということで、他国をひざまずかせるという……。

メタトロン　そうそうそう。まあ、そういうことですよね。だいたい、それが何となく分かってくるじゃないですか。レフェリーが見ていないところで、裏でちょっと武器を出して、後頭部を殴《なぐ》ったりしているとかいうことが何となく分かってくると、「それをしてほしくなかったら、言うことをきけ」と。「第七回目でダウンしろ」とかね。まあ、そういうふうな感じで。

質問者C　はあー。そうした「取り決め」が、だんだん、こう……。

メタトロン　うん、できて。水面下でね。

質問者C　水面下で。

メタトロン　それは表ではやらないで、水面下でやるし。

質問者C　そうしますと、命を救われたい場合には、「軍門に降《くだ》る」と申しますか、中国の演出しているそのマッチポンプ的な、〝ダークな戦略〟に乗らざるをえなくなってくる国家も出てくる可能性もあるのですけれども。

メタトロン　そうですね。

今からもう二十六年も前になろうかと思いますが、日本でも、オウム真理教というところが毒ガスをつくったり、生物兵器をつくったりしていましたけれども、国家として見たら、もうそれは何万倍以上、何十万倍の大きさですのでね、中国が全部でかかったら。そのオウム真理教みたいなのが何十万個も出てきて襲《おそ》ってくるとなったら、それは、もう手の打ちようがないですよね。

ちょっとそんな感じで、「まさか、そんなことを考えることはないだろう」と普通《ふつう》思うんだけれども、その基本的人権なるものを認めていない国家においては、「国家の主権」のみ存在するんですよ。

国家という意味での国家人格だけはあって、国民に基本的人権がないという考え方で、国家の尊厳、威厳《いげん》、名誉《めいよ》、権勢欲が護《まも》られることがまず優先なんですよね。だから、「国家反逆の罪というのは、どこよりも重い」というふうに見ているわけで。
香港なんかでも、そうでしょう。北京《ペキン》政府に反対する新聞とかを出しているようなところなんかは、今もう、〝最終的に消滅《しょうめつ》させる〟作戦が開始されていますよね。その経営者が逮捕《たいほ》もされますけれども、個人資産も凍結《とうけつ》されていますし、会社の資産も凍結されていますから。資産なしで、新聞だって発行できませんよね。（七月中に新聞社は活動ストップとなった）
「国内法なら何でもできる」ということで、その主たる目的のためなら、国家を護り、それを発展させ、外国を追い散らかすためなら、何をやっても構わないと。
これは、中国の歴史を読めばそうなっていますから。それ自体が生き延びることを考えているので。国家自体が〝生き物〟みたいなもので、まあ、西洋の文脈で言えば、「ビヒモス」「リヴァイアサン」に当たるような国家なんですよ、これは。

「反中国の連合」を崩《くず》すための中国の作戦とは

質問者B　そうしますと、「そういう行動パターン、戦略を持っている国家、集団に対しては、どう対応したらいいのか」というところなのですけれども……。

メタトロン　まあ……、向こうは、非難はしてくるとは思っても、「途《と》中《ちゅう》で尻餅《しりもち》をついて、腰《こし》が引けて、徹底《てってい》的にはできないだろう。経済制裁をちょっとするとか、非難決議をするとかそのくらいで、やはり実際上の〝実戦〟が始まると怖《こわ》がって、そこまでやってもメリットがないと考えている国がほとんどだろう」と思っているので。

イギリスが空母を送り、ドイツが珍《めずら》しくアジアまで軍艦《ぐんかん》を送っても、おそらく、それが何らの脅威《きょうい》でもないことを見せようとするでしょうね。

オーストラリアなんかも小さな国なのに、まあ、「親中の時代」もあるんですけれども、今は「反中」で、彼らの軍事覇権《はけん》戦略も、それから資源獲得《かくとく》戦略も、全部承知の上で反中運動をやっていますけれども、こんなのは〝目の上のたんこぶ〟ですから、中国からの制裁はやる。

要するに、反中国のほうに与《くみ》したやつで、（国として）「大きいところ」よりも、まず「小さい、手下になっているところ」あたりを何らかのかたちで徹底的にいじめる。弱いところから叩《たた》いていく。

それで、日本みたいに優柔不断《ゆうじゅうふだん》で、どっちにでもなるというところには、「損得計算をしろ」ということを考えさせるような「そろばん外交」をさせる。そういうことで、その連結を、連合を崩《くず》していくわけですね。

去年は、「トランプさんのおかげで世界は分断された」とか、民主党や、あるいはジャーナリストたちは一生懸命そう非難したけれども、今はバイデンさんになって、今度は、G7《ジーセブン》とか西洋方が、みんな一致《いっち》しよう、価値観が共通するものは一致しようとしていることで、「中国の専制国家との対立だ」と言っている。

これもまた、（中国は）「分断しようとしているんだ」「内政干渉《かんしょう》だ」という、「分断」と「内政干渉」というこの二つの言葉で切ろうとしておりますよね。

これを乗り越《こ》えられるかどうかというのは、そう簡単なことではないと思います。

質問者B　冒頭《ぼうとう》、総裁先生がおっしゃったとおり、そうは言っても、幸福の科学、総裁先生から発信しているものがそれなりに世界に影響を与《あた》えてきているというのは、ここ数日の、今回のサミットとそのあとのジュネーブでの米露《べいろ》会談を評価した日本の主要紙が全部、「（中露）二正面作戦をやめて、向こうの分断に引っ掛《か》かるな」ということで、いちおう論調をまとめてきましたので、いちおう影響は出ているのかなというのは……。

メタトロン　いや、バイデンさんの頭は、少し悪すぎるんですよね。それは、もう去年から分かっていることですから。

だから、大統領になるのに、「ロシアを敵視することで、トランプさんの応援《おうえん》軍団を潰《つぶ》せる。ロシア攻撃《こうげき》をすればトランプのほうが落ちる」と見て、そちらをやっていて。

でも、結局は、中国と仲が良かったといっても、中国も敵視しなければいけなくなって。両方相手にしたら、やはりG7で組んでもそうとうなことになって、本当に世界を分断する……、まあ、そうなっていますよね。

（中国は）イランとも組もうとしているし、北朝鮮、韓国だって、本当は完全に組み込もうと思っているし、本当は日本も取り込もうと考えているとは思うんですけれども。

世界を、前の第二次大戦のときの二派に分けて、「同盟国」と「連合国」に分けたように対立構造に持っていって、〝熱い戦争〟に持っていく前に、「腰が引けて崩れる」、「〝羊の軍団〟が崩壊《ほうかい》する」のが狙《ねら》いではありますよね。

民主主義国家の弱点も知り尽《つ》くしている中国

質問者B　話をアメリカのほうに移すと、おっしゃるとおり、おそらく、バイデン氏はほとんど考えていないのだろうなという感じで、下が一生懸命、振《ふ》り付けて、何とかロシアとの戦いを切り離《はな》して、中国に集中できるようにという「お膳《ぜん》立《だ》て」をつくろうとしているという雰囲気は出てきています。

そこまでは来ているのかなという感じではあるのですけれども。

メタトロン　うん、うん、うん。

質問者B　まさに、冒頭におっしゃっておられた、例えばウィルスの件も、これは確かに間違いなく分かっているのですが、それを公表する段階では、最終的に方針まで決めなければいけませんし、決断が要《い》る部分ですね。

メタトロン　うん。

質問者B　分かっていることをある程度見せて、たぶん発表もするのだろうとは思うのですけれども、今のアメリカで、「行動の決断」、ある種の「判断」のところまで行けるのかどうかというあたりに関しては、いかがでしょうか。

メタトロン　だから、民主主義国家の弱点も、ある意味で知り尽《つ》くしているわけですよね。

被害が多くなったり、損失が多くなったり、失点が多くなると、みんな支持率が下がって、そして反対が上がってくる。これをよく知っている。

中国ではそれは起きないんですよ。中国では世論《せろん》というのはないんです。「洗脳度がどのくらいか」だけなので。洗脳度が世論と一緒なんです。洗脳度百パーセントまで行ったら百パーセント支持、洗脳度九十パーセント台だったら九十パーセント台の支持と出るだけのことで、反対する者は、反対が強くて一線を越えた場合は〝この世から消えてなくなる〟だけのことですので。

4　世界の鍵《かぎ》を握《にぎ》る日本の動き

ヒットラー登場時の欧州《おうしゅう》の対応を繰《く》り返すな

メタトロン　今、勉強してほしいのは、本当に、ヒットラーが登場したときの欧《おう》州《しゅう》の感じですね。

最初、「ヒットラーもそこまではするまい」と。第一次大戦でボロボロになった国を立て直して、ここまで経済発展させたことは立派で優等生だけれども、まさか他国侵略《しんりゃく》まで、すぐに、二十年たたずに始めるなんてことはもう考えられないから、宥和《ゆうわ》政策を取りましたね、ヨーロッパの国が。

そのおかげで、ポーランド侵攻《しんこう》とか入って。

ポーランドのほうに入ったけど、それは、まあ、石炭とか鉄とか、いろいろ必要なこともあるから、そのくらいはしかたがないかなみたいな感じで、「ここはやるけど、ほかはやらない」みたいなことを言っていくし、ソ連に対しては、「おまえのところもやらないか」みたいな感じで、「国を分け合わないか」みたいな感じで持ちかけたりして、仲間に引き入れようとしたりして。

まさかそこまで〝徹底《てってい》して悪いことを考えている人〟が、選挙で選ばれて国家のトップにいるっていうことが信じられないわけですよね。ありえない。ありえないけれども、でも、これは権力者の本質は本質なんですよね。

ドイツでもそういうことがあったけれども、中国なんかの過去の歴史を見たら、基本的にそういう人しかいないので。ごく一部、徳がある君主みたいなのが出てきた時代があるけれども、たいていの場合は、もう「専制君主」しかいないので。そういう、強ければ強いほど、侵略度が高ければ高いほど、敵に勝てば勝つほど、尊敬される状況《じょうきょう》ですよね。

だから、中国の歴史から見ると、今、あなたがたは「チベットも侵略している」「ウイグルも侵略している」「モンゴルも侵略している」とか言っているけど、「何を言っているんだ。中国の歴史で言ったら、こんなところからいっぱい占領《せんりょう》されて、国を取られたことがいっぱいあるんだから。こんなのは歴史上、何回もやったりやり合ったりしているだけで、強いほうが勝つんだ」という、そういう考えなんですよ。

ウイグルとかいっても、おそらくは、昔の漢《かん》民族の敵だった匈奴《きょうど》とか、あのへんの人たち、いつも、万里《ばんり》の長城《ちょうじょう》をつくらざるをえないぐらい怖《こわ》かった人たちなんだろうと思うんですよ。そういう人たちのために、万里の長城までつくって護《まも》っていたのが、なかに入った以上、今度は中国化して洗脳するのは当たり前だと思っているから。

世界各国から「基本的人権に違反《いはん》している」とか言っているけど、彼らから見たら〝夷狄《いてき》〟なんですよね。〝外国の野蛮人《やばんじん》〟たちなので、「中国の同化政策」っていうのは、これは絶対的な善なんですよね。そう思っているので、これが分からないわけなので。

質問者B　その中国の本質のところを、やはり、徹底的に暴《あば》いていくといいますか、世界中に、それから日本人に知らしめていくというのが、非常に重要になってくるという。

メタトロン　日本が暴けるかどうか分かりませんが、幸福の科学は平気で言ってはいますよね。

ほかの人たちは、一部、独創的な、個人責任で意見を言う人はいるけれども、会社責任でまで意見が言えるかというと、ちょっと〝腰《こし》が引ける〟というところですかね。

質問者B　最近も、「いや、実は私も、コロナというのは中国の生物兵器だと思っているんだ」というふうに言ってくれる主要紙の新聞記者もいるのですが、「でも、申し訳ないけれども、会社の方針で、ちょっとそこまでは書けないんだ」と。

メタトロン　それは言えないですよね。

質問者B　ええ。やはり、そういう言い方をしていました。

メタトロン　（中国は）口がすごいですからね。普通《ふつう》は、こんなことを言ったら相手が傷つくとか、こういう「嘘《うそ》に基《もと》づく情報」を言えば、自分の良心が痛むとか思うじゃないですか。こういうところが、普通の国の人たちにはあるわけですよ。

しかし、神も仏もなく、霊界《れいかい》もなく、地獄《じごく》もない国の人にとっては、この世での現世利益《げんせりやく》というか、自分たちに有利なことさえ成就《じょうじゅ》すれば、それが「絶対善」なんですよ。それ以外のものはもうないので。

自分たちにとってプラスのことだったら、どんな手を使ってもいいんですよ。そういう国民性があるので。ちょっと、このメンタリティーが違《ちが》いますから、まあ、どんなことだって、反対のことを言おうと思えば言えるでしょう。

だけど、日本人だったら、それで黙《だま》ってしまったり、遠慮《えんりょ》したりすることはあるじゃないですか。

例えば、日本で幸福の科学が政党をつくってやっても、それを主要紙とかテレビとかは扱《あつか》わないで、浮動《ふどう》票が入らないように完璧《かんぺき》にシーリング（制限）してくる。だけど、そういうことは明確には何も言わないで、〝無言〟で行われているだけですよね。

もし、（仮に）幸福の科学が〝中国政府の手先〟だったらどう言うかっていうと、圧倒《あっとう》的に悪口を言うわけですよ。テレビ局やその新聞社とかの悪口を言って言って言い続けることができるわけで。自分たちの利益にならない、害を与《あた》えているものに対しては徹底的に叩《たた》くわけですよね。そういうことを現実にやったりするわけですけどね。

このメンタリティーを許容するかどうかですが。十四億人いて、それから海外にも散っている華僑《かきょう》、その他を入れれば、中国系の人は二十億人ぐらいはいると思うから、地球人口から見てもけっこうなシェアではあるから、完全に取り去ることはできないし。もし、「自分らの利益だけを主張したほうが有利だ」ということになれば、この世の価値観は、例えば、キリスト教的価値観とか仏教的価値観とかは、みんな引っ繰《く》り返っていくことになりますよね。

利《り》他《た》の教えを信奉《しんぽう》して、「自分のほうが我慢《がまん》してでも、ほかの人のために尽《つ》くそう」なんていう考え方をやっているのは、彼らから見れば「弱者の思想」にしか見えないので。「カモシカや羊の思想」なので。狼《おおかみ》が襲《おそ》うには簡単なことですよね。弱いところから襲えばいいわけですから。

中国包囲網《ほういもう》を築けるかどうかの〝キーマン〟は？

質問者C　先ほど、「国際紛争《ふんそう》の準備まで射程に入れて考えて、そして、中国にどう対応するか、将来像も決めながらやらないと、『中国がコロナの発生源だ』とは言えない」というようにお教えいただきました。

先ほど質問者からもありましたけれども、「決断」という目から全地球的に見たときの未来について、ぜひお伺《うかが》いしたいと思います。メタトロン様から、宇宙の目から見たときに、「地球の決断」というか、「中国に対する決断」というのは、どういうふうに映っているのでしょうか。

メタトロン　キーマンは日本だと思うんですよ。

質問者C　えっ、キーマンは日本？

メタトロン　日本なんですよ。だから、日本が完全に、「G7《ジーセブン》型の欧米の価値観のほうでいく」っていう腹を決めれば、中国が包囲されます。

質問者C　日本が決断すれば――。

メタトロン　決断すれば。そして、ロシアとの関係も、「北方領土のところはもう棚上《たなあ》げしてでも中国包囲網《ほういもう》を築く」という。そのくらいの島は、もうほとんど漁業と海産物しかないですから。昆布《こんぶ》とか魚、もう数億円程度のものしか北方領土には利益がないので。あと、お墓《はか》があるとか、まあ、その程度ですよね。

だから、もう、そういうものを度外視して、大きな外交でバシッとつかんでしまうというところをやれば、ここまで、日本がこの二つ、二点を押《お》さえることができれば、中国は滅《ほろ》びに入ります。

質問者C　つまり、一つは、「日本がG7型の欧米の価値観でいくと腹を決めること」と、もう一つは、「ロシアとの関係で、北方領土は棚上げしてでも中国包囲網を築く」という決断をする――。宇宙から見たときに、その一手があると。

メタトロン　はい、そうです。そう、この一手です。

あとのところは、まとまるんですけれども。日本が、実は、中国にいちばん近い日本が……。

これはもう本当、百年ちょっと、百二十年前にやったことなんですけれども。中国がだらしなくて、アヘン戦争以降、各国に占領されて、いろんな内乱がいっぱい起きて、あまりにひどい状態なので、日本に「軍隊を出して、警察的に中国の警戒《けいかい》・警備をしてくれ」っていうことを欧米のほうが頼《たの》んで、日本がそれで中国に進駐《しんちゅう》して、警察代わりで国を押さえた時代がありますけど、その百二十年ぐらい前の状態と〝同じ状態〟なので。

だから、日本が頼《たよ》りになるのなら、欧米のほうの一枚岩は壊《こわ》れないですけど、日本のほうが、利益を考えて「ユニクロを護らなきゃいけないから」とか、そういう感じで中国に対して助け船を出したり、コロナがちょっと、日本と中国が収まったようだから、やっぱり、ほかの国はまだコロナが怖いから、「新天皇陛下《へいか》ご夫妻は、まずは中国へ」とかいう、もし、そういうことがあって行っちゃったりすると、もう、これはまた、天安門《てんあんもん》事件の二の舞《まい》になりますよね。

質問者B　ええ。非常にありがたいことに、次の「ザ・リバティ」で、今のユニクロ等を含《ふく》めて、かなり痛打《つうだ》を出すように、日本からメッセージの発信をするのですけれども、要は、経済のところに引っ張られて、取るべき正義を取らないというところに関して、日本が明確に旗幟《きし》を鮮明《せんめい》にし、それをはっきりと欧米に対して発信をして、説得にかかれば、局面は変えていけるのではないかという。

メタトロン　中国に対する態度だって、ミャンマーに対する態度だって、一緒《いっしょ》でしょう？　ミャンマーの軍事政権について、あれをいいと思っているかどうかって言えないでしょう？　国のほうはフニャフニャ言って。要するに邦人《ほうじん》もいるしね。向こうに工場を移しているでしょう？

中国のほうは、中国から工場を引き揚《あ》げて、アジアのほかの国にみんな移されていって、そうされるのが嫌《いや》だから、だから、ウィルスを撒《ま》く必要はあるんですよ。そうすれば、「ああ、ウィルスが流行《はや》っているから、工場を移して、日本人を出して、そちらで生産するのもできないなあ」ってなるでしょう。

大川隆法のもとを訪《おとず》れた菅《すが》首相守護霊《しゅごれい》の言い分とは？

質問者B　この間のG7が終わったあとの、半分オフレコのような記者会見で、菅《すが》さんが「いや、中国包囲網なんかつくるつもりありませんから」と。

メタトロン　フッフッ（笑）。

質問者B　外国の記者にしゃべっていたので、「少なくともそういうことを言うのはやめろよ」という感じではあったのですけれども。

メタトロン　いや、マキャベリストですからね。それは分かりませんけどね。嘘かもしれないですけどね。そう言っといて、やる気があるのかもしれないし、それは分かりませんけど。

マキャベリストっていう日本の宰相《さいしょう》は初めて登場したので、裏で何を考えているかは、それは分からないけども。

少なくとも、内閣不信任案を出された日には、夜、幸福の科学の総裁のところに来ていましたからね。

質問者B　ああ、そうですか。

メタトロン　ええ、録音しなかった。もう、奥様《おくさま》のほうが、「どうせくだらない」っていうことで、菅さんの（守護霊《しゅごれい》）霊言《れいげん》なんか録音もしなかったっていう。口頭にて相手をして終わってしまったっていう、まあ、それだけで。「ザ・リバティ」のネタにならなくて、まことに申し訳……。

質問者B　いえいえ。

メタトロン　私たちは見ていましたですけれども。

とにかく、「幸福の科学から、今、切れ味のある意見も出ているけれども、野党を利するものが多い」というようなことを、菅さんの守護霊は言ってきていましたね。

だから、「野党が共闘《きょうとう》して、『消費税を五パーに下げろ』とか言ってきた」とか、「『やっぱり、オリンピックは中止すべき、あるいは延期すべきじゃないか』とか言ってきた」とかですね、「その他、野党が言っているようなことは、だいたい幸福の科学が言っていることにもちょっと近いんじゃないか」というようなことを言って、交渉《こうしょう》してきて。

「『オリンピック賛成！』『ワクチンはもっと進めて、ワクチンを受け入れて広げよう！』みたいな感じで、『消費税は下げなくても、もういい』というような感じで、もっと言ってもいいじゃないか」と。「（幸福の科学が）野党と一緒になっちゃうじゃないか」っていうようなことを、交渉に来て言いました。

ただ、ここについては、もうニュースにさえならないので、「ザ・リバティ」ネタとして提供されませんでした。

質問者B　いえいえ。（菅首相の）打つ手が、野党を利するような手ばかり打つので、結果的に自分で招いている感じには見えるのですけれども。

なぜ、菅《すが》首相は東京オリンピックを断行しようとするのか

質問者B　ちょっと、話が国内に下《お》りましたので、その続きでお伺いしたいのですけれども。

そうなりますと、だいたい、世界の問題の所在といいますか、鳥瞰図《ちょうかんず》を今お教えいただいたのですが、実は、約一カ月ほど前に、短時間でお話しくださったときに、確か、国内政局絡《がら》みのところで、「ちょっと空白地帯に入っていくし、そ

ういった意味ではやや危険でもあるので」といったコメントも少しサラッとされていました。これから菅《すが》さんは、何かオリンピック一本槍《やり》で突撃《とつげき》していく雰囲気《ふんいき》なのですけれども、これからの国内のほうの読みといいますか、あるべき姿といったところに関してお教えいただければと思います。

メタトロン　「どうせ短い命」というか、「政権寿命《じゅみょう》が、もうどうせ短いっていうなら、せめて名前ぐらい遺《のこ》したい」というのが、政治家なんかの本音ですよね。だから、「こういう厳しいなかオリンピックを断行して、東京オリンピックが二〇二一年に行われた。そのときの首相は菅首相であった」とかですね。あと、こども庁とかデジタル庁とかをつくって、とにかく、「自分がいる間にそれをつくった」っていう実績が残れば、日本史の教科書にそれが載《の》りますからね。それだけが、やっぱりやりたいことで、「あとは野となれ山となれ」で。

もし、うまくそれが機能して善の回転が起きて、「ワクチンを毎日百万本打ち続けたら、本当に急速にコロナも収まって、オリンピックも万々歳《ばんばんざい》でやれて、そして、景気も回復して、すべては〝いい判断〟で、すごい決断力のある、チャーチルみたいな人だ」みたいな判断がもし出たら、そうしたら〝儲《もう》けもの〟で、また何年かの首相任期が出る可能性だって、ないわけではありませんので、もしかしたら。まあ、博打《ばくち》ですね。

で、何年かあるかもしれないけれども、玉砕《ぎょくさい》するなら、もし九月で辞《や》めさせられるんだったら、いっそのこと「歴史に名前を遺したい」ということですよね。

「コロナ第五波」と中国冬季五輪の関連性

質問者B　ええ。シミュレーションによりますと、今の感じでやっていくと、おそらく八月の下旬《げじゅん》、パラリンピックの始まるあたりに、大川隆法総裁先生がおっしゃっていた第五波のピークが来て、ものすごく大変な状況のなかで、ハンディキャップを負われた方々のパラリンピックが始まるという大混乱が起きつつ、もしかしたら、それが終わった九月の第一週で「解散するのか、しないのか」といった最悪のシナリオに突《つ》っ込《こ》もうとされているのではないかという感じがして……。

メタトロン　いや、それは去年（二〇二〇年）、アメリカでバイデン氏が実演してみせたように、地下室から政見放送すればいいわけですから、街頭《がいとう》演説がなくなるだけで、やれんことはないでしょうけど。

中国のほうは、来年の二月ぐらいですか、冬季オリンピックをやりたいですからね。今、オリンピックをやれる可能性があるのは、中国は患者《かんじゃ》がほとんど増えていませんからね、やれないことはないわけですよ。それで、日本のオリンピックも「賛成する」と言っていますけど。
だから、このへんの関係では、日本がもし中国に対して反抗《はんこう》的な態度を取れば、第五波が起きるかもしれないけれども、うーん……。
第五波っていうのは、中国選手団が〝もの〟を持ってくれば、それで（仕掛《しか》けは）終わるということです。

質問者B　ありえますよね。

メタトロン　ええ、ウィルスなんて、そんなの分からないですよ。だから、それは持ってこられるんですよ。選手団がいっぱい来ますから、「日本に置いていけば、それで終わり」ですので。広がりますから。
だけど、それが東京オリンピック中に東京オリンピックを潰《つぶ》すことになるならできないので、そのへんの計算を今詰《つ》めているところですね。
だから、第五波が起きるかどうかは、まだそれは……、いや、世界の情勢と関係はまだあるんですよ。

質問者B　分かりました。

5　今の「日本の政局」をどう見るか

与党《よとう》の〝ボロ負け〟という「二〇〇九年の再来」は起きるのか？

質問者B　それで、実は今回、次に出る「ザ・リバティ」の特集を組むときのアクセルの踏《ふ》み込《こ》み方のところで、やや考えましたのが、幸福の科学から見ますと、結果的に、菅《すが》さんが逆手逆手《ぎゃくてぎゃくて》を打っているので、どちらかというと、野党が追随《ついずい》してくるようなことをこちらが主張せざるをえないということでした。

そういうアイロニーといいますか、皮肉があったので、こちらもグーッとある種の旗色《きしょく》を鮮明《せんめい》にして、「本来、あるべき姿はこうではないですか」ということを断言し切った場合、「そこで自民党に〝ボロ負け〟されても困るな。二〇〇九年の再来になられても、ちょっと困るな」ということもありまして、そのへんの兼《か》ね合い、感じというのでしょうか、この日本の政局のところをどう見ていったらよいのでしょうか。

メタトロン　〝ボロ負け〟したらね、（野党連合には）共産党の政策も一部は入っていますから、共産党が初めて大臣を出したりすることができる可能性が出ますからね。それが難しいところではありましょうけどね。うーん……。

でも、どうだろう。まあ、かき集めて、ほかの政党のもかき集めて、何とかやるんではないかなあとは思いますが。

あと、ちょっと、小池《こいけ》都知事の動きも、まだ不確定要素としては残っているので、ええ。もし政府のほうが逃《に》げ腰《ごし》で優柔不断《ゆうじゅうふだん》に見えたときに、「何かカードを切るかどうか」というのを、タイミングをずっと見ていらっしゃるようには思う

各国で映画賞を受賞!!
7カ国 13冠
夢判断、そして恐怖体験へ
あなたが見た夢には、どんな〈秘密〉が隠されているのか。
企画／大川隆法
青木涼
山岸芽生
希島凛　高橋宏昌
望月さやか　生野和人
橘百花　なりたりな　塚本このみ
矢野みなみ　芦川よしみ
監督／奥津貴之　製作／ARI Production
製作協力／ニュースター・プロダクション
制作プロダクション／万屋物産株式会社
配給／日活　配給協力／東京テアトル　©2021 ARI Production
aripro.co.jp/products/yumehandan/
8.27

製作総指揮・原作／大川隆法
千眼美子
大原さやか
新井里美
掛川裕彦
高橋広樹
笠間淳
置鮎龍太郎
八代拓
村瀬歩
伊藤美紀
銀河万丈
神の御名は、「エローヒム」。
宇宙の法
エローヒム編
10.8
ROADSHOW
https://laws-of-universe.hspicturesstudio.jp

ので。

そうすると、都知事がつくる政党なんかもありえる感じになりますね。この交《こう》渉《しょう》ですね。大阪《おおさか》を中心とした〝維新《いしん》〟の党の代わりの、東京を中心としたものができる可能性もないわけではないので。マスコミが支持すれば、あっという間にそうなる可能性もあるので。

うーん……、まあ、負けても困るし、勝っても困るし（笑）。これ、でも、マスコミがいちばん喜ぶところは、こういうところなんですよ。言論の効き目が大きくなるんですよね。「勝つか負けるか」、もうスレスレのところぐらいで走ってくれると言論の効き目がすごく、それでマスコミのご機嫌《きげん》を取らなきゃいけなくなってくるので。

アメリカでもそうなんですよ。だから、「強すぎる与党《よとう》」だと困るので。スレスレ、どっちに転ぶか分からないようなところに置いておくのが、いちばん言論の効き目が大きくなって、自由が利《き》くんですよね。

だから、そのあたりでの〝計算〟でしょうけれども、まあ、日本の新聞でも「オリンピック中止」なんかをもう勧告《かんこく》しているようなところもあるようですから。それで、世論《せろん》も、反対の世論も多くあって。まあ、NHKのほうはそうじゃないとのことでありますけれども。

まあ、マスコミはそこまで、対決姿勢まで持っていくかどうか、うーん……、本当に〝二〇〇九年状態〟がもう一回起きるかどうか。幸福の科学のほうは、もう〝動かない状態〟になってきているということですね。

でも、「いったんの崩壊《ほうかい》」はしかたがないかもしれませんねえ。まあ、いい人がいるわけではありませんけれども、うーん……、何て言うか、政治に責任を取ってもらわなきゃいけないんで。今起きてることは、ある意味で、安倍《あべ》政権時代にやろうとしたことがみんな〝ご破算〟になってきている。

質問者B　そうですね。

メタトロン　ですよね？　だから、外国人客、特に中国人客をいっぱい入れることで景気をよくしようとしたりもしていましたしね。それから、資金を〝ダブつかせ〟て、インフレが起きない範囲《はんい》内で株価を値上げさせたりとか、あとは、いろんな省庁をつくったりして、あれしたり。リベラルのほうも、そうとう取り込んでやっておりますから。彼がやってきていたことが〝裏目に出てきている〟状態ではあるのかなあと思いますね。

だから、幸福の科学も、何て言うか、〝不気味な存在〟ではあるでしょうね。菅総理が、守護霊《しゅごれい》が嫌《いや》がっているのは、野党のほうが、ちょっと今回、力を増す可能性があるから、スレスレのところ、どっちが勝つか分からないスレスレのと

ころで野党支持のほうに回られると、議席を落として過半数に行かなくなること
をたぶん恐《おそ》れていると……。

質問者B　ああ、なるほど。

メタトロン　うーん、だと思いますね。

「社会主義的政策」によって、
与党《よとう》と野党の区別がつかなくなってきた日本

質問者C　一つ経済面の問題点を訊《き》いてよろしいですか。
こうした状況《じょうきょう》のなか、今、コロナ不況ということで、かなり多くの会社が潰《つぶ》れ
ておりますし、困っています。補助金や助成金等、いろいろと出していたとして

も、なかなか未来が見えなくなっています。

そのときに、大川隆法総裁先生は、「コロナ不況にどう立ち向かうか」という御法話《ごほうわ》を説いてくださいました(『コロナ不況にどう立ち向かうか』参照)。そして、この不況は、二、三年の小循環《しょうじゅんかん》風に終わることはないとの予測をされています。

ただ、気をつけなければいけないのは、今、日本は共産主義ではないものの、政府や地方自治体による緊急《きんきゅう》事態宣言等で、特定の業種の仕事を全部止めるということをしているために、「日本は〝北朝鮮状態〟になる練習をしているようだ」というような警世《けいせい》の一転語《いってんご》も頂いています。

また、世界に目を転じますと、アメリカの中枢《ちゅうすう》部も共産主義に染まりつつあり、「搾取《さくしゅ》したところからお金をばら撒《ま》いていく」という〝鼠小僧《ねずみこぞう》型の経済学〟になっているというご指摘《してき》も賜《たまわ》りました。

『コロナ不況にどう立ち向かうか』(幸福の科学出版刊)

そのなかで、大川隆法総裁は、対策として「強靱《きょうじん》な体質を持て。英語で言うと『レジリエンス』だ。粘《ねば》り強く行け。今の消費経済だけだと絶対に景気は戻《もど》らない。しばらく難しい」「そのときには、強靱な体質を持って『価値の創造』をしなさい。今やるべきことはつくり出すことなのだ」ということをおっしゃっています。

また、「今は人間が黴菌《ばいきん》に見えるような〝人間不信の経済学〟なので、新しい『信頼《しんらい》の経済学』をつくる必要があって、そのためには信仰心《しんこうしん》を打ち立てなければ駄目《だめ》なのだ」というふうに教えていただきました。

今、こうした〝人間不信の経済学〟や共産主義的な思想に染まって、〝北朝鮮状態〟になる練習をしているような日本のあり方に関して、また、アメリカもそうなっているということに関して、宇宙から「地球の歴史」を踏まえてご覧になったときに、どんなふうにお見えになるのでしょうか。

メタトロン　いや、私から見ますと、政府のほうが、保守とか右寄りだとかいうわけでもなくて、やっていることは「社会主義的政策」をどんどん取っているので、野党そのものの存在意義がない状態のように見えますよね。

だって、昨日《きのう》（二〇二一年六月十七日）お決めになったことでも、「夜七時以降の酒類の提供をするような店の営業は、まだ停止する」とか言っている。でもね、こんなことが、戦争直後の配給制の時代以外でできたことはないですよ。

質問者B　ほとんど「戒厳令《かいげんれい》」ですね。

メタトロン　そうです。こんなことね、普通《ふつう》、〝反乱〟が起きますから。これが当然として、この一年ちょっとで飼い慣らされてきているし。その前、安倍さんの時代には、サイレンが鳴って、「北朝鮮のミサイルに向けて隠《かく》れてください」みたいなことがあったし。ある意味で、国家社会主義の体質を持っているんですよ。

だから、野党とどっちがどっちか、もう分からない状況になっていますね（笑）。野党が政策を出しても、すぐそれを〝盗《と》って〟いきますからね。

まあ、これから「混沌《こんとん》の時代」がやっぱり始まるのかなと、もうどっちとも区別がつかないようなものになっていくのかなと思いますね。

「補助金で一生懸命《いっしょうけんめい》、票を取ろう」という、もう方針になっています。これだと、もう共産党とかが言っているのと変わらない。公明党も言っていますけれども、もう変わらないですよね。もう「とにかくお金をばら撒け」と、「子供ができたら十万円を払《はら》え」と言ったりね。もうお金、とにかくお金で国家的買収にかかっていますので。

そして、それで補助金を撒くために、「デジタル庁」をつくって、国民を全部管理できるようにして、最後は中国みたいに「どこで何をしているか」まで分かるように全部したいし、財産もお金の動きも全部つかみたいんでしょう?

まあ、だんだん現金も使えなくなっていくかもしれませんけれども、電子マネーだったら、即座《そくざ》にどこで何を買ったかが全部分かるようになりますし。あと、監視《かんし》カメラみたいなものも増えてくれれば、もうあらゆる犯罪が取り締《し》まれるというかたちになるんでしょうけれども。

中国から見れば、日本のように「交番を襲《おそ》って銃《じゅう》を持って逃げた犯人が、一週間も逃走《とうそう》できる」なんてことはありえないことなので。もうカメラだらけですから、すぐに見つかってしまいますけど。（日本は）ある意味で〝中国化〟を目指していますよね、はっきりと。

〝中国化〟する日本のなかで新たな「思想」の整理を

メタトロン　国家が、政府のほうが〝中国化〟を目指しているんだったら、これは野党との区別はもうそんなにつかないので、〝建前〟でしかないですよね。「自由民主」なんていうのは、もう〝建前〟にしかすぎないので。「民主」じゃないですよね、〝官主〟ですよね。「官主導型」に完全になっていますし、自由のところを束縛《そくばく》していますから。今、自由を全部取り去ろうとしているわけです。監視社会にしようとしている。監視社会で「官主導型」に完全に持っていこうとしているわけです。

あとは、「こども庁」もバースコントロール（産児制限）に近いんですから、これは中国と同じですよね。「一人っ子政策」「二人っ子までいい」、次は「三人までいい」と、こんなことまで国家が決める。自由がないですよね。こういうふうな国に近づいていこうとしていると思うので。

「ユニクロを叩《たた》く」とか言ってたけど、国家のほうが中国に近づいていっているかもしれないので、ある意味で、本当に中国の一省になろうという方向にフローティング（流動）しているように見えなくはありませんね。

そこで、アメリカはアメリカでまた、黒人とか移民の票を取れるような施策《せさく》を取り始めると、これまた左翼《さよく》が強い考え方になってくるので。

それで、「そのあと、どうなるか」ということですけれども、「産業革命以降の時代がいちおう盛り上がって、終わる」ということですよね。終わって、「その次の時代はどうなるのか」というところがまだ決まっていないというか、人類で決められていない。それを描《えが》くのは、あなたがたの仕事なのかもしれませんけれども。

産業革命以降に起きた、十八世紀以降の近代化の流れが、もしかしたら、もう終わろうとしているかもしれないので、「その後の世界をどう描くか」ですよね。日本はかなり遅《おく》れてきていますので、盛り返さなきゃいけない。〝宇宙のレベルでの植民地奪取競争《だっしゅ》〟がもう始まっているレベルですのでね。だから、ここで「思想をリードする」というのは、そうとう大変なことだとは思います。

ただ、今までの考え方にもうとらわれすぎないで、「何をするのが正しいと思うか」という観点から「思想」を全部整理していったほうがいいかもしれませんね。そうしないと動かない。

6　宇宙から見た、現在の「地球の状況《じょうきょう》」

中国を通じて地獄《じごく》を展開している勢力にどう対処する？

質問者A　宇宙的な視野の話も少しされたのですけれども、去年（二〇二〇年）以来の、この一、二年の全世界の状況《じょうきょう》を見渡《みわた》して、最も正しい洞察《どうさつ》をされたのは大川隆法先生でした。

ただ、最近のリーディングでは、ただの世界的なウィルス戦争ではなくて、宇宙的介入《かいにゅう》がありうる、「裏宇宙」とのかかわりもありうるということです。そのあたりの実態はいかがなのでしょうか。

メタトロン　だから、ウィルスに関して言えば、中国独自でかき集めてつくっているものもそうとうありますけれども、これでワクチンとかで止められるなら、「宇宙には、ほかにもまだウィルスはいっぱいいるので、〝そちらのほう〟からの提供もありえますよ」ということですよね。

だから、中国を潰《つぶ》そうとするなら、そういう国たちが不幸な目に遭《あ》うようなもの、波状攻撃《こうげき》はかけてくるということですね。

これは、私たちの社会でも、まあ、宇宙のほうからも、「地球をどういうふうに変えていくか」ということに対しては、はっきり言えば反対勢力も一部ありますので、そちらのほうが……。「中国を通じて世界制覇《せいは》を狙《ねら》っている勢力」があることはあるので。

まあ、過去、何度も戦って勝ってきている相手ではあるんですけれども、今、中国を使って、もう地球がそういう磁場《じば》になれば、私たちが支配できるような価値観での国というか星でなくなってくるので。そうすると、彼らの波長《はちょう》に合った者たちが地球に住めるようになってくるし、魂的《たましいてき》にもそういうものが移動してくるんですよね。

だから、以前、孔子《こうし》の霊言《れいげん》か何かであったんじゃないかと思うんですが、「中国みたいな十四億人は、もうトロール船で曳《ひ》いてきた魚の塊《かたまり》みたいなもので、天国に上がるときはみんな上がる、地獄《じごく》に堕《お》ちるときはみんな堕ちるぐらいの極《きょく》端《たん》な全体主義になっているよ」というようなことを確か言っていたと思うけど（『孔子、「怪力乱神《かいりきらんしん》」を語る』参照）、そうだと思いますよ。

質問者C　これは、十四億丸ごと地獄に堕ちますね。

メタトロン　〝丸ごと〟地獄。でも、そちらの人口が多

『孔子、「怪力乱神」を語る』（幸福の科学出版刊）

くなったら、そっちが〝天国〟になって……、〝天国〟というか、そういう〝悪人の天国〟ができるわけですよ。だから、ヤクザ、マフィアが支配する、そんな街とかいっぱいありますよね。暴力団が支配する街もありえるし、犯罪者が支配する街もありえるので。彼らにとってはそれが〝天国〟ですから、そういう領域を増やしたければ、そうなる。

安倍《あべ》さんなんか、さっき言い忘れましたけれども、外国人客に……、カジノもそうでしたよね、「カジノを入れて、やる」という。お金を〝落とさせ〟ようとしていましたけれども、今やっている、この何て言うか、夜の街を閉めていく流れは、そういうことができないほうの流れですよね。

それから、これだけ「お酒に対して禁止」を発信し続けると、これはアレルギーが当然出てきますよね。だから、今度は〝逆のもの〟も狙ってくるとは思うんですけれども。

とにかく、中国資本がやることは〝何でもオッケー〟になって、それ以外のものは、何かタブーがいっぱいあるような世界ができてくる可能性が高いですね。だから、この「日本の決断」は、ものすごく重いですよ。

でも、いちおう、大川総裁が言ったように、オーストラリアでも台湾《たいわん》でも、彼らの価値観を護《まも》る方向で行っているし、ドイツでも言ったとおり、ドイツもそちらを護る方向に今、動いているし、イギリスもそうだし、カナダもそうですので。だから、今、「この英米型の価値観が来世紀以降も主導的になるか、ならないか」の分岐点《ぶんきてん》なんですよ。

だから、それを考えた上で幸福の科学の発信がなされるべきで、未来の社会のあり方を提示しなきゃいけないし、政権（に対して）……、まあ、与党《よとう》が取ろうが野党が取ろうが、「これが未来なんだ」と、「こうならなきゃいけないんだ」ということをやっぱり言わないと。その票数だけで勝ち負けを決めるためだけのものを、あまりやってはいけないですね。だから、マスコミに対する教育も、とても大事だろうと思いますね。

だから、あまりイデオロギー的に決まりきった考え方をしないで……。だから、何ですかねえ、「ヒットラーなんかの国家社会主義は、ソ連のスターリンなんかと実際は同じものだった」ということで、「右も左もなかった」ということですね。全体主義国家においては、やっていることは一緒《いっしょ》、同じなんですよ、地獄が展開しているだけなので。

その地獄の展開を止めるのが（私たちの）仕事だということですよ、うん。

質問者A　裏宇宙からの〝通路〟が地球上にできていると。

メタトロン　できています、はい。

質問者A　〝ブラックホール〟ができていると。

メタトロン　まあ、でも、絶対、勝つつもりでいますけれどもね。

「日本の宇宙進出」が大きく立ち遅《おく》れている理由

質問者A　先月のちょっとしたニュースでしたが、中国が火星探査を始めて、「アメリカに次いで二番目だ」と言われています。悪い意図を持った勢力が先行していて、日本は大きく立ち遅《おく》れている状況もあると思います。このあたりの「人類の宇宙とのかかわり」の方向性について、何かございますでしょうか。

メタトロン　（日本は）軍事の縛《しば》りがね、大きすぎるところが多いですよね。だから、学界のほうも、そういう軍事研究につながるようなことはできるだけ突《つ》っ込《こ》まないようにしていますので、「平和」という言葉を、日本を抑圧《よくあつ》する言葉として使っておりますよね。

ただ、国内レベルで言えば警察の活動だけれども、国際レベルでそういう「悪徳国家」というのが出てくるなら、それは侵略《しんりゃく》を抑止したり、あるいは、同じ価値観を持つもの同士が共同防衛したりするのは当たり前のことであるので、やっぱり、「戦後の常識を潰すべきときは、今、来ている」と思いますね。

だから、戦後つくった常識が潰れるべきときが来ていると思うので。いや、これはもう、頑張《がんば》りどころだと思うんですね。

それで、「もう一回ゼロに引き直して、もう一回やり直すとしたらどうする」というところですね。「当たり前と思っていることを、当たり前にしなければいけない」ということですね。

だから、例えば韓国《かんこく》は、「日本の領土だ」と言っている竹島《たけしま》に行って防衛訓練とかを堂々とやっていますよね。軍を使ってね、防衛訓練をやっています。でも、日本はそれを、もう抗議《こうぎ》するだけで、何もしないでやっています。

一方、「尖閣《せんかく》は日本の領土だ」と言いつつも、中国のほうは、「核心的《かくしんてき》利益だ」とか、相変わらず言っていて、（日本は）尖閣防衛のための訓練をするかといったら、しやしない。

やっぱり、こういうのはどうなんでしょう。私どもが言うのはちょっと口幅《くちはば》ったくて言いにくいことですが、いわゆる、「権利の上に眠《ねむ》る者は保護されない」という言葉に当たるんじゃないですか、法律の考え方として。法律はあってもね……、人を護るためとか国を護るため、あるいは会社を護るために法律はありますけれども、「その権利を護るために行使しない者は保護されない」ということがあるよね。

だから、例えば、泥棒《どろぼう》が入ったら、それを捕《つか》まえる法律はありますけれども、「泥棒に盗《と》られても、まあ、しょうがないな。いいや、しょうがないじゃない、いいんじゃない。暴力はいけないよ」みたいな感じでする者は、もう捕まえようがないですよね。

だけど、結果がそういうことだと、それで味を占《し》めて泥棒が毎夜毎夜、いろんな家に侵入して……、まあ、強盗《ごうとう》か、が侵入して、それでいろんな人の財産を盗っていくようなことがあったら、やっぱり〝悪い国〟になってきて、バットマンだとかスーパーマンだとか、いろんな人が出てこなければいけなくなる時代になりますよね。

だから、ちょっと、「権利の上に眠る者は保護されない」という考え方を、もう一回しっかり持たないといけないんじゃないかなというふうに思うし、やはり、〝国家主権を丸出し〟にしてやってきているところと、〝国家主権があるのかないのか分からない国〟とでは、競争するのはけっこう厳しい話だとは思いますね。

質問者B　この部分に関しては、菅《すが》さんもちゃんと言っておけば、マキャベリズム的にある程度はやると期待するので、そこをちょっと言っておくつもりです。あの人は、その部分に関しては、ある程度戦うといいますか、意志は……。

メタトロン　うん。まあ、幸福の科学の情報をねえ、聞いていないように見えても、いちおう情報は全部集めているみたいですよ。集めて、「ザ・リバティ」とかでもちゃんと精査はしていますから。まあ、情報をみんな集めて何を発言しているかを見ながら、考えてはいるようですから。

まあ、議席だけの問題ではありませんので。オピニオンは「こういうことを言っている」というのもあるし、保守派の人たちのなかでは、もう政府が頼《たよ》りないので、幸福の科学をもっと〝三島由紀夫化《みしまゆきお》〟させようとして、まあ、尻《しり》に火をつけたり、尻を叩《たた》いたりしている者もいるんだと思いますけれどもね。

中東情勢と「脱《だつ》炭素社会」の行方《ゆくえ》は?

質問者A　大川隆法先生の「世界の見取り図」を、今、菅さんなり政権担当者はとても参考にされていると思います。

今年に入って、中東の情勢も少し変動が起きています。最近ですと、イスラエルでネタニヤフが退《ひ》くというかたちで……。

メタトロン　そうだね。

質問者A　イランのほうでは大統領選で、こちらも揺《ゆ》り戻《もど》しで、反米・保守派が出てくるということです。二十一世紀の課題としては、イスラム教の問題もあると思いますが、このあたりの状況はどんなふうにご覧になっていますか。

メタトロン　まあ……、イランは国を護ろうとしたら、それはアメリカに攻撃されたらちょっとたまらないからねえ、それを護るために中国と同盟するというのも予測されていた事態ではあるのだけれども。

中国のほうが包囲されて弱っていく状況を見せれば、考え方が変わることもあるかとは思いますが、彼らに「主体権はない」と思う。主体的判断はたぶんない。だけど、今のまま世界の潮流を見れば、〝石油も石炭もガスも使えない時代〟に持っていこうとしていますから。まあ、こちらのほうは、また、みんなが認めている状況なので。私は必ずしも正しいとは思っていない考えなんですけれども。

そうすると、イランだって、ねえ？　石油とかはまったく売れなくなるわけですから、もうどうしようもないですね。「新しい産業」をつくるしかないので。ちゃんと産業を普通《ふつう》の国のようにつくっていくしか、ええ。

中国がね、内緒でいっぱい買ってくれて使ってくれるから。でも、中国は国際条約とかを守る気はまったくありませんから。〝嘘《うそ》の報告〟を国家統計局が出せば、それで終わりなので。ただ、（イランは）最後まで石油も石炭も使ってくれるだろうと思って、「その間だけは安泰《あんたい》」だと思っていると思いますけれども。

まあ、西洋的価値観というもののなかにも、ややですねえ、まあ、スウェーデンのグレタさんみたいな考え方が、ちょっと極端なものも一つ入っているので。これも違《ちが》った「環境《かんきょう》を中心とした共産主義」ですよね。

だから、共産主義も〝変種〟しているんですよ。ちょっと〝違った変種〟がいっぱいあるので、気をつけないといけないとは思っているんですけれども。

このへんを、日本も、ねえ？　だから、菅さんが言っていることはみんな、あなたがたから見ると「大丈夫《だいじょうぶ》か」ということも多いと思うのですが、「二〇五〇年までにカーボンニュートラル（脱《だつ》炭素社会）にする」とか、自分の首を絞《し》めているようなことを言ったりもしますしね。

王室や皇室は、はたして生き残れるのか

メタトロン　ただ、ちょっと「国家主権」をやはりきっちり言って、まずは、憲法の考え方を少し変えないと、もうどうしようもない事態が来るでしょうね。

（憲法）九条についても揺れているけれども、まあ、皇室制度に関しても、今、マスコミはかなり厳しいですね、見ていて。そうとう厳しいですので。

これのなかにも、宗教の衰退《すいたい》も裏にはあるし、日本の歴史を否定したい考え方も入っているので、左翼《さよく》的なものもあることもあるので。

まあ、地球全体から見れば〝滅《ほろ》びていく種族〟であることは間違いないのですが、イギリスもタイも、もう先は危《あや》ぶまれている……、王室は危ぶまれているので、まあ、〝絶滅危惧種《ぜつめつきぐしゅ》〟に入っていることは間違いないのですけれどもね。

ただ、日本の政治家のあまりの威信《いしん》のなさがねえ、やはりちょっと問題ではあるし、信仰心《しんこうしん》を一気になくしてしまうような流れになってもいけないという部分もあるので。

「王室」とか、そういう「皇室」とかが残っているところは、完全な唯物論《ゆいぶつろん》にはやはりなれないというところもあることはあるので、まあ、その部分は肯定的《こうていてき》に見てもいいのかなとは思ってはおりますし。

あとは、革命が起きて政府が転覆《てんぷく》しても、そういうものがあれば国体は存続しているように見える、という意味での安心感はあることはあるので。

これは日本の知恵《ちえ》だよね。だから、「幕府がどんどん替《か》わっても、皇室があるということで国体は安定している」という考えですよね。
だから、皇室が中国に臣従《しんじゅう》しないようには……、臣下《しんか》の礼《れい》を取らないようには
やはり頑張らないといけないかなとは思っています。

「宗教勢力の結集」がこれから起きる？

メタトロン　あとは、幸福の科学の生き筋《すじ》は、これから難しいと思うのですが、
政党をつくってオピニオンを出して、国のいろいろな考え方に変化はそうとう起
きてきてはいるけれども、政権の一翼を担《にな》わせたくはない勢力も頑張っているし、
自民党だって嫉妬《しっと》しているから、まあ、やらせたくないと思っているので、自分
たちの票を減らしたくない気持ちもあって。
公明党なんかは、まあ、歴史的に見れば、もう〝崩壊《ほうかい》している政党〟ですよね。
やってきたことは全部裏目に出て逆転して。今、その中国のところを歯止めにし

ているのは公明党だと思うんですが。うーん……、（政府が）反中になれないのは公明党がネックではあろうとは思うのですけれども。

私たちとしてはですねえ、公明党のやってきたことが、やはり基本的に間違っていたということが明らかになって、この公明党の勢力の部分ぐらい、幸福実現党に取ってもらいたいなと、とりあえずは思ってはいるんですけれどもね。

まあ、崩壊するときにはあっという間に崩壊しますよ。だって、「親中寄り」でずーっとやってきて「結果がこれか」という結果になった場合、やはりそれは……。

内部だって、今、揺れていますから。かなり揺れているし、創価学会《そうかがっかい》の信者らから見ても、幸福の科学というのが〝すごく光って見えている〟というか、先端的に見えてうらやましい感じ。ほかの宗教も、現代のこと、何にも言えないので、現代のことを言える幸福の科学がうらやましくてしょうがないと思うので。

まあ、そうした宗教勢力が、もう一回再結成して力を持つ可能性はあると思っています。

質問者C　今、「宗教勢力の結集」というようなお言葉を頂いたのですけれども、将来像としては、このビジョンはどんなふうに見えますか。

メタトロン　まあ、仏教系と神社系は全部、やはり頂いたらいいんだと思いますね。

質問者C　ああ、仏教と神道《しんとう》系の流れを……。

メタトロン　うん、うん。少なくとも全部。キリスト教もたぶん取り込める。

質問者C　あっ、キリスト教も。

メタトロン　〝日本のキリスト教〟なら取り込めると思います、うん。日本のキリスト教は、まあ、オリジナルキリスト教から見ればそうとう〝日本化〟していますので、クリスマスを祝ってくれればもうそれで十分なぐらいですので。

まあ、日本の「仏教」「キリスト教」「神道」、これは取り込めると思います。

いやあ、戦略としては、今世紀中にこの三つは完全に取り込むことは基本で。そうすれば、やはり宗教を基盤《きばん》にした政治あるいは政党もありえると思います。

だから、幸福の科学のなかに、このへんを取り込んでいく。

神社の神主《かんぬし》をやっていて幸福の科学の本を読んでいる人はいっぱいいる。お寺の住職《じゅうしょく》さんで幸福の科学の本を読んでいる人もいっぱいいます。キリスト教徒も読んでいます。

だから、これらが今、「救世主」、あるいは「神の誕生」ということを認めるところまで来れば、一気に、そうしたものも政治的な力には変わってくるとは思います。

今、自民党とかいろんなところを応援《おうえん》しているんだと思うけれども……。

質問者C　これは、「至高神《しこうしん》として主エル・カンターレが降臨《こうりん》された」ということで、宗教的・思想的な多様性や違いのところが、根源のレベルで〝統合〟されていくという、こういう理解でよろしいでしょうか。

メタトロン　はい。ですから、創価学会の信者だといわれているような、うーん……、例えば、某《ぼう》女優とかも、実は幸福の科学のほうにもう守護霊《しゅごれい》とかは来ていて、アドバイスしたりもしているのですけれども、ええ。

「いやあ、創価学会は、親がそうだから、職員だから、まあ、その信者として は生まれたけれども、私はお釈迦《しゃか》様が好きです。創価学会は、日蓮《にちれん》のほうがお釈迦様より偉《えら》いみたいなことを言うけれども、私はそうは思いません。やっぱり、お釈迦様があっての仏教で、仏教の流れのなかの日蓮宗だと思っています。そういう意味で、仏陀《ぶっだ》の教えを説かれるなら、幸福の科学にだって好意的な創価学会員はたくさんいます」というようなことを言ってきているので。

これは、若い人たちの実情はこうだろうと思うので。

まあ、こういう新宗教のなかでもね、取り込めるものはだいぶ出てくるだろうと思うので。

「宗教アレルギー」が終わる時代が来ている

メタトロン　いや、もう一段頑張って、「オピニオン」と、それと、「実際の弟子《でし》たちの実務的な能力を上げて組織をつくっていく力」を大きくしていかないと、やはり駄目《だめ》なのではないでしょうかね、うん。

だから、戦後の宗教アレルギーみたいなのがありましたけれども、これを乗り越《こ》えてしまわないといけないと思いますね、「宗教イコール悪」みたいなのを。特に「新宗教は悪」みたいな考えはあって。まあ、変なのがいっぱいあるのも事実ではあるから、それは淘汰《とうた》されなければいけないけれども、「宗教の違い」というものも分かってこなければいけない。

もう、うっすらと、それは分かっていますよ、新聞社とかテレビ局だって、「宗教の違い」は、ちょっとは分かっている。幸福の科学と、ほかのところとの違いは、ちょっとは分かっているから。それは、違いはありますけれどもね。

宗教は、週刊誌やスポーツ紙あたりがネタにすることで、大手紙とかテレビ局とか、そういうところはネタにしないというようなことになっているけれども、まあ、外国では、宗教政党とかもいっぱい活躍《かつやく》していますから。

インドなんかから見たら、ちょっと日本は不思議に見えてしょうがない、〝不思議の国〟なんですよ。こんな幸福の科学みたいなところが出ていて、この政治進出を無視して阻《はば》もうとするなんていうのは、これはもう理解不能なんです。「なんでそんなことを考えるんだろう。〝新しい、いいもの〟が出てきたら、それについていけばいいじゃないか」と。

まあ、こういう考え方もまた味方にはしなければいけないでしょうね。

だから、やるべきことはたくさんあります。国際理解を得て応援させることもあれですけれども、日本としての方針を強く打ち出す人は、やはり言論のリーダーがいちばんでありますので。

まあ、これから大川隆法総裁もいい年齢《ねんれい》になってくると思うんですよ。今は総理がまだ何歳《さい》か上ぐらいですけれども、もうすぐ、もう総理なんかが後輩《こうはい》ぐらいの年齢になってきますから、それから先はけっこう聞いてくれる人は増えてくると思います。

会社なんかでも六十代ぐらいでだいたいトップぐらいになってきていますから、本当は権威が出てくるのはこれから先なので。そのときに一気にいろんな勢力を傘下《さんか》に収めていく力が大事ですよね。

もうちょっと弟子のほうで、やはり器《うつわ》を大きくしていく努力はしたほうがいいと思う。

私たちも協力できることはやりますけれども、まあ、私たちがやる場合は、〝荒技《あらわざ》〟や〝大技〟がちょっと多いので、やってしまって本当にプラスになるかどうかが分からないところが若干《じゃっかん》あるので。まあ、人間的努力でやれることはやっていただかないと、いろんなものをいじると全体に影響《えいきょう》することが多いので、プラスになるかマイナスになるか、分からないところがあるんですよね。

7 「創世記の神々」からのメッセージ

なぜ、地上を「善なるほうが勝つ世界」にしなければならないのか

質問者A　そろそろ時間ですが、今、この二十一世紀に、これから日本や世界の人たちが宇宙時代を迎《むか》えていくに当たっての何か指針なり、メッセージというものがありましたら、お願いいたします。

今、政治的にもいろいろな問題はありますが、やはり霊的《れいてき》な価値観が非常に大事だと思います。「コロナ問題」も人類に対する試練として起きているかと思うのですが、そのあたりはいかがでしょうか。

メタトロン　軍事問題とかがタブーになって、ちょっと難しいところはあるのだけれども、もう一つ上の視点で、霊的な視点で、「霊界《れいかい》に神仏《かみほとけ》が存在して、高級霊が存在して、人類が魂《たましい》の転生輪廻《てんしょうりんね》をやっている」という世界観があると、この地上を、やはり「善なる世界」にするか「悪なる世界」にするかということは、非常に大事な問題なんです。

「悪なる世界」になったら、転生輪廻をすると悪人がいっぱい出てくるわけで、地獄《じごく》勢力が増えてくる。まあ、これは単純な図式ですけれどもね。

「この地上を、やはり善なるほうが勝つ世界にしなければいけない」ということで、そういう「善を選び取り、悪を捨てる」という考え方をはっきり打ち出すのは、やはり宗教しかもうないので、やらなければいけない。

法律でもってしても、裁判官だって、もう分からないですから。法律は人間が多数で決めていることですので、そのもとの、法のもと、「法源《ほうげん》」のところを出さなければいけないので。この価値観はどんどん押《お》し出していかなければいけないと思うんですね。

その意味において、今、こういう霊界の世界や、こういうものを認めなければ、中国が善だか悪だか分からない。

「日中国交回復してからあと、急速な回復を示して経済発展しました。科学も発展しました。何が悪いんですか。人口も増えました。富も増えました。豊かな人がいっぱい増えています。日本人よりも大金持ちの人がいっぱい中国にはいます」と。

これは、実質上、共産主義ではないのですけれども、嘘《うそ》を言うことが平気な国民性だから、これを「共産主義」と称《しょう》しているんです。実際は、共産党員が「貴族」ということですよね。これは「共産党員が貴族」の国体で、そして、「そのトップが〝皇帝《こうてい》〟だ」という組織ですよね。これは〝変質した共産主義〟ですよね。

この本質をやはりちゃんと分かるようにさせないといけない。

だから、毛沢東《もうたくとう》がやった悪事や習近平《しゅうきんぺい》がやっている悪事の本当のところを、やはりクリーンにする必要はあると思うんですよ。

マスコミなんかも、本当に嫌《いや》なものですけれども、その透明《とうめい》性を保つところだけは意義があるので。

だから、天安門《てんあんもん》で三百何十人死んだのか、三千人死んだのか、一万人死んだのか。これは、家族を持つ者としては、知る義務が、権利もありますからね。

一万人死んでいても「三百人だ」と言われて、そうしたら、「はい、そうですか」と聞かなければいけない。〝嘘の歴史〟を書かれ、それを覚えなければいけない。それが大学入試に出てくる。まあ、こんなことで洗脳されていたら、やはりもう、きりがないですよね。

中国に「思想の自由マーケット」を

メタトロン　だから、日本で書かれた中国の歴史が台湾《たいわん》に翻訳《ほんやく》されて、台湾の翻訳がまた中国本土で翻訳されて、中国人が読んだら、「あれっ？　中国の歴史って、こんなのだったの。教わっているのと全然違《ちが》う」ということをおっしゃっているわけですね。

時の政府が、都合《つごう》がいいように、全部、歴史を書き換《か》えてあるので、それしか知らないんですよ。だから、あんな大きな国で、まあ、教科書は〝一つ〟しかないんですよ。みんな同じ、洗脳されているんですね。

国がバラバラになって、それを統一するのが長年の悲願であったのでね。だから、原点は「秦《しん》の始皇帝《しこうてい》」にあるわけだけれども、そういう統一国家をつくって皇帝を名乗った始皇帝は、十二年しか皇帝ができず、息子《むすこ》の代は三年で終わって、十五年で秦の時代は終わっているんですよね。

それは、統一性だけを言っても、大勢の人をやっぱり不幸にする制度であるから、いつも暗殺を狙《ねら》われるような制度ですよね。「国内で暗殺を狙われ、海外からも攻撃《こうげき》を受ける体制にもなっている」っていうことですので、もうちょっと実態を明らかにすることが大事だし、文物《ぶんぶつ》の交流で、映画でも小説でも何でもいいですけれども、壁《かべ》をつくらずに、いろんなものが入ってきて、「思想の自由マーケット」をやっぱりつくるようにしないといけないですよね。

今、どちらかといえば、ハリウッドにまで裏から手を回して、ハリウッド映画に中国人を出演させ、中国的価値観を応援《おうえん》させるようにハリウッドを仕向けている。

「中国がオッケー、お墨付《すみつ》きを与《あた》えれば、十四億のうちの九億人ぐらいが中国の映画人口だから、ハリウッドでつくっても、九億人が中国で観《み》てくれる」っていうのなら、それはものすごく大きいマーケットですからね。

というようなことで、〝侵食《しんしょく》〟はそちらからもずーっと入っていっていますからね。

こういうことは日本人にはできないでしょうね。菅《すが》さんが本当のマキャベリストなら、こんなことを考えなくてはいけないわけですけれども、まだそこまでは行っていないので。

新しいものをつくらなくてはいけない時代が来ている

メタトロン　とにかく、あなたがたが今大事にすることは……。
「神仏《しんぶつ》が考える善悪のあり方」「何をもって智慧《ちえ》とするか」「何をもって徳とするか」、こういうことを明らかにし、「世界の構造」「生まれ変わり」から「霊的世界とこの世の構造」、それから、「宇宙まで世界がつながっている構図」を明らかにしていくことで、ある種の意識変革が起きると思うんですね。これを地球レベルまで起こさなくてはいけない。

特に主要国でそうなっていくことが望ましいですね。影響力《えいきょうりょく》のある、情報発信力のある主要国で、そうしていかなくてはいけない。

とすると、国際本部なんかも、まだまだ全然、力的には足りていないし、予算的にも足りていないっていうことになりますわね。

だから、ちょっと、ほかの宗教まで組み敷《し》いていくことを、今世紀中は考えなければいけないと思うし、海外でもっともっと広げなければいけないと思うので、運営の仕方等も、もうちょっと近代化しなければいけないと思いますね。

もう、二十世紀につくられた思想をほとんど反故《ほご》にして、「新しいものをつくらなくてはいけない時代が来ている」ということですね。

質問者A 「幸福の科学の使命が非常に期待されている」ということですね。

〝総天狗化《そうてんぐか》〟している地球の人間の鼻を折るには？

質問者C 今、唯物論《ゆいぶつろん》や科学技術が発達して、「信じる力」というのが全人類のなかで弱まってきているように思われますし、メタトロン様からの、今までの八回、九回という度重《たびかさ》なるご指導のなかでも、「信じる」というのが、一つのキーワードとして浮《う》かび上がってくるところもございます。

どうしたら、人類が、われわれ一人ひとりが、この「信じる」というところに飛んでいけるかというか、そういう飛躍《ひやく》ができるか、突破《とっぱ》できるか、このあたりの心構えにつきまして、宗教的なポイントというものがございましたら、ぜひ教えていただければと思います。

メタトロン　ああ、だから、これはねえ、手の内をあまり明かしたくはないんですけどね。

われわれは「創世記の神々」に当たる存在なんですよ。だから、創世記の神々で、「創ってきた者」なんですよ。いろんな星の文明とか人類の歴史、いろんな宇宙の人たちの歴史を創ってきた、創世記の神々に当たる存在であるんですよ。

だから、今、地球の人間の問題はね、「天狗《てんぐ》になっている」っていうことなんですよ、みんな。

質問者C　みんな天狗であると。

メタトロン　うん。天狗になっている。自分らがみんな、教育によって技術者になって、そして、何でも開発できて、科学万能《ばんのう》で、もう〝すべての世界を支配した〟ように、海の底から空まで〝全部を支配した〟ように思っている。天狗になっているんです。〝総天狗化〟にもう世界がなっているので、これをペシャンとやっぱりやる必要があるわけですよね。

「みんなこの天狗になっているやつの鼻を折るには、どうしたらいいか」っていうことを考えると、われわれにできることは幾《いく》つかある。まあ、あることはあるんですが、あまり言うと、手の内を明かしてしまうと、ちょっとあなたがたもショックを受けることもあるので、まあ、言えませんが、「救世主が出るときは危機の時代でもある」ということなので。

質問者C　危機の時代？

メタトロン　ええ。危機は幾つか来ます。

だから、コロナも、これ、一つの危機ですけれども、これで終わりはしない。まだ、次なる危機、次なる危機、幾つか、この二十一世紀中にいっぱい出てきますから、そのつど、だんだんに、「もう人類だけの力ではどうにもならないかもしれない」と思わせる状況《じょうきょう》を出します。

これについては、全部は明らかにはしませんけれども、しかし、神の声は伝わります。「どういうふうに考えているか」っていうことは伝わります。

「それについてくれれば、その危機の事態から抜《ぬ》け出すことはできるが、聞かなかったら、壊滅《かいめつ》的なことが起きるかもしれない」ということですね。

まあ、いちおう〝踏《ふ》み絵〟を人類に踏ませるつもりです。

「中国的価値観がいい」と思って、「それをアジアに広げ、ヨーロッパに広げ、日本に広げ、アメリカも没落《ぼつらく》させよう」という一つの動きがあるけれども、善悪の価値観を一つ示しました。

だから、どちらの〝踏み絵〟を踏むか、見ていますけれども、間違ったほうを踏んだ場合には、災《わざわ》いがいっぱい増えてくることになります。

「政教分離《ぶんり》」という間違《まちが》った考え方を正すとき

質問者B　そうしますと、日本はもちろんなのですけれども、主要国への伝道というのが、かなり重要になってきますね。

メタトロン　そう。

いや、とてもとても、こんなレベルではなくて、本当はもう政府に準ずる力が必要なぐらいですね。

だから、いわゆる「奈良《なら》の大仏」とか、ああいうものの時代は、もう、「信仰《しんこう》」

ということが国家事業であったわけなので、国民を救うためには、信仰が大事で、その根本《こんぽん》は何かっていうと、「仏への信仰」で、その仏を象徴《しょうちょう》する大仏を建てるということが、国家、国民の統合の象徴でもあったわけですよね。

皇室は皇室で、貴重な存在ではあるとは思うから、私はそれを完全に否定はしませんけれども、「今、新しい、エル・カンターレの教えが説かれている」ので、これを象徴するものをやっぱりつくり、人々にその中身を明らかにしていくことが大事ですし、世界にもそれを発信していくことが大事だということで、今の枠《わく》組《ぐ》みや規制を破っていかねばならないと思います。

でも、まあ、一部は始まっていると思うんですよ。

例えば、HSU（ハッピー・サイエンス・ユニバーシティ）みたいなのをつくって、国家が、文科省が大学として認可しなくても、大学としてはもう機能しているし、卒業生たちは働いているし、それを信じる人が増えてくれば、「国が認めるか、認めないか」ではなくて、事実上……。

まあ、民間というか、私立大学というのは、本当は設立は自由ですから。国営でやるものだったら、税金でつくるものなら、それは国家が決めたとおりにやるしかないけれども、私立大学がどういうものをつくるかなんて、こんなのはもう自由ですよ。会社と一緒《いっしょ》ですから、自由なので、何にも言う権利なんかないんですよ。

「補助金を出す」という名目で統一をかけて、自分らの天下り先《あまくだ》をつくっているだけですから。このシステムを壊《こわ》そうとしているわけで、HSU、幸福の科学大学には天下りしようがない。天下りできないですから。だって、その信仰体系のなかに入れないから。

天下りできないから、一般《いっぱん》の人がいっぱい入れるような大学にしてしまおうとしているわけで、「そうしたら、補助金をつけて、天下りができる」ということですけれども、それに抵抗《ていこう》しているんでしょう？　いや、これはこれなりに筋《すじ》を通していいんですよ。

政党（幸福実現党）も、まあ、（国政選挙では）負け続けているかもしらんけれども、オピニオンは曲げないで言い続けている。それから、「ザ・リバティ」もついている。やり続けていると、だんだん、多くの人たちが、それを、存在を認めるようにはなっていきますから。

「政党というのは、あの政党助成金が出るところだけが政党ではありませんよ。一定のオピニオンを持って、そして、人が集まって政治活動をしているところが政党なんです」と、そういうことですよね。

「政教分離《ぶんり》」の思想が、今、憲法で強く入っているから、あなたがたが言っていることには、アレルギーを持っている人がいるけれども、「それは、そもそも間違《まちが》いなんです。日本の歴史を明らかにしましょう。政教分離なんて、やったときなんかありませんよ。戦後だけですよ」と。

それも、それをやったマッカーサー自体が、改めようとさせたぐらいで、「このままではいけない」と考えたぐらいのことなので、戦前の日本の体制が全部間違っていたわけではない。

アメリカ人の大多数は、「原爆《げんばく》が落ちて日本が敗戦して、それで日本は民主主義の国家になった」と思っている。これがアメリカ人の九十何パーセントの認識です。だけど、実際には「大正デモクラシー」とかがあったわけです。明治の時代だって、「四民平等」を言っていたわけですよ。

だから、日本は変わろうとしていて、実際、民主主義国家になろうとして、世界の五大大国のなかに入っていたんですよ、とっくに。G7《ジーセブン》ではないけれども、五大大国に入っていて、それから、中国なんかの管理から朝鮮《ちょうせん》半島の管理も任されていたんですよ、欧米《おうべい》のほうからね。

第二次大戦の奥《おく》にあった「悪質宇宙人」の影響《えいきょう》

メタトロン　最後、アメリカとの戦争は、どう見ても、「侵略戦争」ではなくて「覇権《はけん》戦争」ですよ、どう見てもね。

だって、戦争を始めたときには日本の軍事力のほうが上だったんですから、アメリカよりも。海軍力もはるかに上だったので。だから、「覇権戦争」だったんです。向こうが持っていた、要するに、自動車ばっかりつくっていた工業力を、軍事用に転化した。

彼らは、あの一九二九年の世界大恐慌《だいきょうこう》を起こした〝張本人〟なので、今回のウイルスとかをつくったのと同じですよ。世界不況をつくったのはアメリカなんです。アメリカが世界不況をつくって、それを克服《こくふく》するために軍事国家に切り替《か》えて、軍事産業を盛《さか》んにさせて。

「テネシー渓谷《けいこく》のダムをつくったことで景気が回復した」なんていうのは嘘っぱちで、そんなものは全然影響《えいきょう》していないので。本当は軍事産業をいっぱいつくって、自動車産業から軍事産業にシフトして、それで、爆弾《ばくだん》をいっぱい落として、飛行機や軍艦《ぐんかん》をいっぱいつくって、そして、戦争は〝消費産業〟ですから、「どんどん消費して、新しいものをつくることができる」ということで、やっと、十年続いた不況が終わったんです。

一九二九年に始まったアメリカ大不況、これは、一九三九年あたりにドイツが侵攻し、そして四一年に日本が戦争を始めて、これで終わった。

これでアメリカの不況が終わったので、いや、アメリカにとっては、「ドイツや日本があの戦争を始めた」っていうことは、ある意味で、〝彼らにとっての救世主〟ではあったわけであって、「そうさせるために追い込《こ》んできていたのは、フランクリン・ルーズベルトの戦略であった」っていうことも、今、分かってきているわけなんです。

「そのときに、今、私たちが戦っている、中国の悪質宇宙人は、アメリカのなかにも入っていた」ということは分かっているんです。

質問者B　そうですね。非常によく分かりました。「入っていた」というのは、「ルーズベルトにも影響を与えていた」という……。

メタトロン　「与えていた」っていうことですよ。

質問者B　与えていた。ああ、そうですか。

メタトロン　そういうことです。

質問者B　はい。ありがとうございます。

メタトロン　だから、アメリカ側からつくった歴史は〝全部いいこと〟になっているけれども、実はそうではない。

ルーズベルトは「反戦、非戦」を公約にして大統領になっているはずです。それが、実際には戦争を起こそうとして画策していて、今の中国がやっているように、この日本やドイツを戦争に引きずり込むための作戦、あるいはソ連を参戦させる作戦を立てて、やっていた〝張本人〟ですから、ここも一つ、引っ剝《ぱ》がさないといけないところでしょうね。

質問者B　そうとう入り組んで……。

メタトロン　「習近平《シージンピン》X」の前の姿は、あそこに入っているはず。

質問者B　あ、なるほど。

メタトロン　影響を与えている。だから、これは憑依《ひょうい》ではないけれども、ウォーク・イン。

質問者C　ウォーク・インしていた？

メタトロン　ええ。ルーズベルトは変質した、途中《とちゅう》から。あの大不況の前では、もはや、なりふり構わず、「正義なんか言っていられない」ということで、アメリカを救うために変質しました、ええ。だから、日本の国民は三百万人も犠牲《ぎせい》になりました、おかげで。

質問者C 歴史の真相はそういうところにもあったわけですね。

今、日本に求められているものとは

メタトロン だけど、やっぱり、間違ったところは、反省すべきところはあると思います。

今、日本に求められているのは、まあ、「防衛力」とか言っているけれども、そうした軍事力として、少なくとも、アジアの同胞《どうほう》たちで、間違った思想に染まっていない人たちを護《まも》るぐらいの防衛力は、日本には必要です。

それから、欧米の人たちが「正しい」と思うことをやるときに、協力できるぐらいの体制はつくることが必要だと思います。

それから、「政教分離」と言っている規定も、できたら改善したいと思っています。

宗教は、基本的には「性善説」から成り立たなければいけないので。まあ、詐《さ》欺《ぎ》師《し》まがいの悪質な宗教もありますけれども、そういうものは、よき宗教が大きくなることで自動的に排除《はいじょ》されていく。

「言論と言論をぶつけて、悪い言論のほうが消えていくように、宗教のなかで、よい宗教が悪い宗教を、白血球が異物を食べていくように追い出していくのが本当で、国家的システムでそれを排除するのは間違っている」ということは、やっぱり、はっきり言うべきですね。

「(憲法)九条」と共に、そうした「政教分離規定」も、やっぱり排除すべきだと思います。それは、本当は国家神道《しんとう》についてのものであって、念頭にあったのはそうだと思うんですけどね。

いや、「宗教が政治をやるのはおかしい」と思うかもしれないけれども、おかしくないし。創価学会《そうかがっかい》なんていうのは、本当は宗教でもないものが、実は宗教のかたちを取ってやっているだけで、基本的には「教義がない」ものね。基本的には教義もなければ、本当は「教祖もいない」ので。

あそこには、あなたがたにいる〝伝道局長〟しかいないんですよ。だから、歴代、その会長とか言っていたのは〝伝道局長〟なんです。伝道するだけで、「何のために伝道するの？」と言うと、それについては答えられる人が誰《だれ》もいない。それが創価学会のところです。財務局と伝道局しか、あそこはないので、基本的にね。

あとは、書籍《しょせき》はいろんな人が書いているだけですよね。編集局っていうのは、〝総裁〟の言葉を活字にして出版しているのではなくて、「〝総裁〟の言葉を、あったかのように捏造《ねつぞう》する」のが、あそこの編集部の仕事ですから。
今、私が来て話をしていますけれども、こういうのがなくても、話をしたように書くのが、ほかの宗教の仕事ではあるわけですね。
こういう、いかがわしい偽物《にせもの》は、はっきりと、やっぱり白黒を分けていくことが大事なのではないかと思います。

質問者A　はい。本日は貴重なご指導を賜《たまわ》りまして、本当にありがとうございました。

大川隆法　ありがとうございました（手を二回叩《たた》く）。

あとがき

東京オリンピックが開幕となった。コロナ・パンデミック第五波が盛り上がって来た時期と、それは一致した。

私の予想通りではあるが、悲惨《ひさん》ではある。

今のコロナワクチンでは、第五波はおろか、第六波、第七波も防げないだろう。たとえていえば、敵が太平洋側からミサイルを撃ってきているのに、自衛隊は日本海側に展開しているという理由で、「PAC《パック》－3《スリー》」を日本海側に発射している状態である。新種のコロナは続々と出てくるが、見当違いの対策しかないのだ。

地球的正義が樹立《じゅりつ》されない限り、コロナ禍《か》も、地震、大雨、洪水、熱暑も終わることはなかろう。それは「CO_2」のせいではなく、地球自体の生命意識が、表面にはびこっている約八十億人の人類を減らしたがっているからである。

善を増やし、悪を減《げん》じよ。神仏への信仰を高め、唯物論科学天狗《ゆいぶつろんかがくてんぐ》の増殖を止《と》めよ。救世主の言葉をあざ笑う者には、未来の光は決して射してこないのだ。

二〇二一年　七月二十三日

幸福《こうふく》の科学《かがく》グループ創始者兼総裁《そうししゃけんそうさい》　大川隆法《おおかわりゅうほう》

『メタトロンの霊言「危機の時代の光」』関連書籍

『太陽の法』（大川隆法 著　幸福の科学出版刊）
『黄金の法』（同右）
『愛は憎しみを超えて』（同右）
『コロナ不況にどう立ち向かうか』（同右）
『ＵＦＯリーディング　救世主を護る宇宙存在ヤイドロンとの対話』（同右）
『ＵＦＯリーディング　地球の近未来を語る』（同右）
『Ｒ・Ａ・ゴール　地球の未来を拓く言葉』（同右）
『毛沢東の霊言』（同右）
『メタトロンの霊言』（同右）
『中国発・新型コロナウィルス感染　霊査』（同右）

『孔子、「怪力乱神」を語る』（同右）

メタトロンの霊言《れいげん》「危機《きき》の時代《じだい》の光《ひかり》」

2021年8月11日　初版第1刷

著　者　大《おお》　川《かわ》　隆《りゅう》　法《ほう》

発行所　幸福の科学出版株式会社

〒107-0052 東京都港区赤坂2丁目10番8号
TEL(03)5573-7700
https://www.irhpress.co.jp/

印刷・製本　株式会社 堀内印刷所

落丁・乱丁本はおとりかえいたします

ISBN978-4-8233-0282-4 C0014
装丁・イラスト・写真© 幸福の科学

大川隆法霊言シリーズ・愛と平和の守護神・メタトロン

メタトロンの霊言

危機にある地球人類への警告

中国と北朝鮮の崩壊、中東で起きる最終戦争、裏宇宙からの侵略――。キリストの魂と強いつながりを持つ最上級天使メタトロンが語る、衝撃の近未来。

1,540円

中国発・
新型コロナウィルス感染 霊査

中国から世界に感染が拡大する新型ウィルスの真相に迫る！ その発生源や"対抗ワクチン"とは何かなど、宇宙からの警告とその背景にある天意を読み解く。

1,540円

釈尊の未来予言

新型コロナ危機の今と、その先をどう読むか――。「アジアの光」と呼ばれた釈尊が、答えなき混沌の時代に、世界の進むべき道筋と人類の未来を指し示す。メタトロン、ヤイドロンの霊言も収録。

1,540円

「UFOリーディング」写真集

「UFOリーディング」
写真集2

"彼ら"はなぜ地球に来るのか？ そして、何を伝えたいのか？ 宇宙時代の到来を告げる最新UFO情報が満載の「UFOリーディング」写真集シリーズ。

各1,650円

※表示価格は税込10%です。

大川隆法霊言シリーズ・宇宙存在が語る人類への指針

R・A・ゴール
地球の未来を拓く言葉

今、人類の智慧と胆力が試されている──。コロナ変異種拡大の真相や、米中覇権争いの行方など、メシア資格を有する宇宙存在が人類の未来を指し示す。

1,540円

地球を見守る
宇宙存在の眼

R・A・ゴールのメッセージ

メシア資格を持ち、地球の未来計画にも密接にかかわっている宇宙存在が、コロナ危機や米大統領選の行方、米中対立など、今後の世界情勢の見通しを語る。

1,540円

ヤイドロンの本心

コロナ禍で苦しむ人類への指針

アメリカの覇権が終焉を迎えたとき、次の時代をどう構想するか? 混沌と崩壊が加速する今の世界に対して、宇宙の守護神的存在からの緊急メッセージ。

1,540円

ウィズ・セイビア
救世主とともに

宇宙存在ヤイドロンのメッセージ

正義と裁きを司る宇宙存在が示す、地球の役割や人類の進むべき未来とは? 崩壊と混沌の時代のなかで、宇宙人の側から大川隆法総裁の使命を明かした書。

1,540円

大川隆法霊言シリーズ・中国に潜む闇の本質を見抜く

ゾロアスター 宇宙の闇の神とどう戦うか

全体主義国家・中国の背後に働く「闇の力」とは？ かつて宇宙の闇の神と戦ったゾロアスターが、その正体と企みを明らかにした人類への警世の書。

1,540円

習近平思考の今

米大統領選でのバイデン氏当選後、習近平主席の考え方はどう変化したのか？ 中国の覇権拡大の裏にある「闇の宇宙存在」と世界侵略のシナリオが明らかに。

1,540円

大中華帝国崩壊への序曲

中国の女神 洞庭《どうてい》湖《こ》娘娘《ニャンニャン》、泰山《たいざん》娘娘《ニャンニャン》／アフリカのズールー神の霊言

唯物論・無神論の国家が世界帝国になることはありえない――。コロナ禍に加え、バッタ襲来、大洪水等、中国で相次ぐ天災の「神意」と「近未来予測」。

1,540円

毛沢東の霊言

中国覇権主義、暗黒の原点を探る

言論統制、覇権拡大、人民虐殺――、中国共産主義の根幹に隠された恐るべき真実とは。中国建国の父・毛沢東の虚像を打ち砕く！

1,540円

※表示価格は税込10%です。

大川隆法ベストセラーズ・コロナ禍を生き抜く智慧

コロナ不況にどう立ち向かうか

コロナ・パンデミックはまだ終わらない――。東京五輪断行が招く二つの危機とは？ 政府や自治体に頼らず、経済不況下を強靭に生き抜く「智慧」がここに。

1,650円

人の温《ぬく》もりの経済学

アフターコロナのあるべき姿

世界の「自由」を護り、「経済」を再稼働させるために――。コロナ禍で蔓延する全体主義の危険性に警鐘を鳴らし、「知恵のある自助論」の必要性を説く。

1,650円

コロナ不況下のサバイバル術

恐怖ばかりを煽《あお》るメディア報道の危険性や問題点、今後の経済の見通し、心身両面から免疫力を高める方法など、コロナ危機を生き延びる武器となる一冊。

1,650円

自助論の精神

「努力即幸福」の境地を目指して

運命に力強く立ち向かい、「努力即幸福」の境地へ――。嫉妬心や劣等感の克服、成功するメカニカルな働き方等、実践に裏打ちされた珠玉の人生訓を語る。

1,760円

幸福の科学グループのご案内

宗教、教育、政治、出版などの活動を通じて、地球的ユートピアの実現を目指しています。

幸福の科学

一九八六年に立宗。信仰の対象は、地球系霊団の最高大霊、主エル・カンターレ。世界百六十カ国以上の国々に信者を持ち、全人類救済という尊い使命のもと、信者は、「愛」と「悟り」と「ユートピア建設」の教えの実践、伝道に励んでいます。

（二〇二一年七月現在）

愛

幸福の科学の「愛」とは、与える愛です。これは、仏教の慈悲《じひ》や布施《ふせ》の精神と同じことです。信者は、仏法真理をお伝えすることを通して、多くの方に幸福な人生を送っていただくための活動に励んでいます。

悟り

「悟り」とは、自らが仏の子であることを知るということです。教学《きょうがく》や精神統一によって心を磨き、智慧《ちえ》を得て悩みを解決すると共に、天使・菩薩《ぼさつ》の境地を目指し、より多くの人を救える力を身につけていきます。

ユートピア建設

私たち人間は、地上に理想世界を建設するという尊い使命を持って生まれてきています。社会の悪を押しとどめ、善を推し進めるために、信者はさまざまな活動に積極的に参加しています。

国内外の世界で貧困や災害、心の病で苦しんでいる人々に対しては、現地メンバーや支援団体と連携して、物心両面にわたり、あらゆる手段で手を差し伸べています。

年間約２万人の自殺者を減らすため、全国各地で街頭キャンペーンを展開しています。

公式サイト **www.withyou-hs.net**

自殺防止相談窓口

受付時間　火～土:10～18時（祝日を含む）

TEL **03-5573-7707** メール **withyou-hs@happy-science.org**

ヘレン・ケラーを理想として活動する、ハンディキャップを持つ方とボランティアの会です。視聴覚障害者、肢体不自由な方々に仏法真理を学んでいただくための、さまざまなサポートをしています。

公式サイト **www.helen-hs.net**

入会のご案内

幸福の科学では、大川隆法総裁が説く仏法真理《ぶっぽうしんり》をもとに、「どうすれば幸福になれるのか、また、他の人を幸福にできるのか」を学び、実践しています。

入会

仏法真理を学んでみたい方へ

大川隆法総裁の教えを信じ、学ぼうとする方なら、どなたでも入会できます。入会された方には、『入会版「正心法語《しょうしんほうご》」』が授与されます。

ネット入会　入会ご希望の方はネットからも入会できます。
happy-science.jp/joinus

三帰《さんき》誓願《せいがん》

信仰をさらに深めたい方へ

仏弟子としてさらに信仰を深めたい方は、仏《ぶっ》・法《ぽう》・僧《そう》の三宝《さんぽう》への帰依を誓う「三帰誓願式」を受けることができます。三帰誓願者には、『仏説・正心法語』『祈願文《きがんもん》①』『祈願文②』『エル・カンターレへの祈り』が授与されます。

幸福の科学 サービスセンター
TEL 03-5793-1727（受付時間/火～金:10～20時 土・日祝:10～18時（月曜を除く））

幸福の科学 公式サイト
happy-science.jp

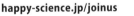

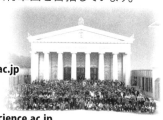

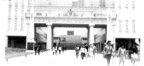

仏法真理塾「サクセスNo.1」

全国に本校・拠点・支部校を展開する、幸福の科学による信仰教育の機関です。小学生・中学生・高校生を対象に、信仰教育・徳育にウエイトを置きつつ、将来、社会人として活躍するための学力養成にも力を注いでいます。

TEL 03-5750-0751（東京本校）

エンゼルプランV

東京本校を中心に、全国に支部教室を展開。信仰をもとに幼児の心を豊かに育む情操教育を行い、子どもの個性を伸ばして天使に育てます。

TEL 03-5750-0757（東京本校）

エンゼル精舎

乳幼児が対象の、託児型の宗教教育施設。エル・カンターレ信仰をもとに、「皆、光の子だと信じられる子」を育みます。

（※参拝施設ではありません）

不登校児支援スクール「ネバー・マインド」

TEL 03-5750-1741

心の面からのアプローチを重視して、不登校の子供たちを支援しています。

ユー・アー・エンゼル！（あなたは天使！）運動

障害児の不安や悩みに取り組み、ご両親を励まし、勇気づける、障害児支援のボランティア運動を展開しています。

一般社団法人 ユー・アー・エンゼル

TEL 03-6426-7797

NPO活動支援

学校からのいじめ追放を目指し、さまざまな社会提言をしています。また、各地でのシンポジウムや学校への啓発ポスター掲示等に取り組む一般財団法人「いじめから子供を守ろうネットワーク」を支援しています。

いじめから子供を守ろうネットワーク

公式サイト mamoro.org　ブログ blog.mamoro.org

相談窓口 TEL.03-5544-8989

百歳まで生きる会

「百歳まで生きる会」は、生涯現役人生を掲げ、友達づくり、生きがいづくりをめざしている幸福の科学のシニア信者の集まりです。

シニア・プラン21

生涯反省で人生を再生・新生し、希望に満ちた生涯現役人生を生きる仏法真理道場です。定期的に開催される研修には、年齢を問わず、多くの方が参加しています。

全世界212カ所（国内197カ所、海外15カ所）で開校中。

【東京校】 TEL 03-6384-0778　FAX 03-6384-0779

メール senior-plan@kofuku-no-kagaku.or.jp

幸福実現党

幸福実現党 釈量子サイト **shaku-ryoko.net**
Twitter **釈量子@shakuryoko**で検索

内憂外患《ないゆうがいかん》の国難に立ち向かうべく、2009年5月に幸福実現党を立党しました。創立者である大川隆法党総裁の精神的指導のもと、宗教だけでは解決できない問題に取り組み、幸福を具体化するための力になっています。

幸福実現党NEWS
感染収束の楽観視は危険
コロナ禍は中国の思惑通り!?
衰弱する主要先進国、独り勝ちの中国
コロナは中国が仕掛けた!?

党の機関紙
「幸福実現党NEWS」

幸福実現党 党員募集中

あなたも幸福を実現する政治に参画しませんか。

○幸福実現党の理念と綱領、政策に賛同する18歳以上の方なら、どなたでも参加いただけます。

○党費:正党員（年額5千円［学生 年額2千円］）、特別党員（年額10万円以上）、家族党員（年額2千円）

○党員資格は党費を入金された日から1年間です。

○正党員、特別党員の皆様には機関紙「幸福実現党NEWS(党員版)」(不定期発行）が送付されます。

＊申込書は、下記、幸福実現党公式サイトでダウンロードできます。
住所:〒107-0052　東京都港区赤坂2-10-8 6階 幸福実現党本部
TEL **03-6441-0754**　FAX **03-6441-0764**
公式サイト **hr-party.jp**

出版 メディア 芸能文化 幸福の科学グループ

幸福の科学出版

大川隆法総裁の仏法真理の書を中心に、ビジネス、自己啓発、小説など、さまざまなジャンルの書籍・雑誌を出版しています。他にも、映画事業、文学・学術発展のための振興事業、テレビ・ラジオ番組の提供など、幸福の科学文化を広げる事業を行っています。

アー・ユー・ハッピー？
are-you-happy.com

ザ・リバティ
the-liberty.com

幸福の科学出版
TEL **03-5573-7700**
公式サイト **irhpress.co.jp**

THE FACT

ザ・ファクト
マスコミが報道しない「事実」を世界に伝えるネット・オピニオン番組

ザ・ファクト　検索

ニュースター・プロダクション

NEW STAR PRODUCTION

「新時代の美」を創造する芸能プロダクションです。多くの方々に良き感化を与えられるような魅力あふれるタレントを世に送り出すべく、日々、活動しています。 公式サイト **newstarpro.co.jp**

ARI《アリ》 Production《プロダクション》

ARI Production

タレント一人ひとりの個性や魅力を引き出し、「新時代を創造するエンターテインメント」をコンセプトに、世の中に精神的価値のある作品を提供していく芸能プロダクションです。 公式サイト **aripro.co.jp**

大川隆法　講演会のご案内

大川隆法総裁の講演会が全国各地で開催されています。講演のなかでは、毎回、「世界教師」としての立場から、幸福な人生を生きるための心の教えをはじめ、世界各地で起きている宗教対立、紛争、国際政治や経済といった時事問題に対する指針など、日本と世界がさらなる繁栄の未来を実現するための道筋が示されています。

講演会には、どなたでもご参加いただけます。
最新の講演会の開催情報はこちらへ。⟹

大川隆法総裁公式サイト
https://ryuho-okawa.org